Desafiante, inspirador, alentador y reco... ... *...Dios un amor y aprecio más profundo por la mujer de Dios. Es un libro hermoso.*

Zig Ziglar

Escritor y profesor motivador

Priscilla Evans Shirer toma una verdad bíblica y la traduce en una aplicación tan práctica que no habrá excusas que impidan comprender las valiosas reflexiones que comparte. Sin embargo va un paso más allá, mostrándose vulnerable y transparente. En la medida que comparte sus luchas y victorias personales, Priscilla se transforma en una escritora a la que puedes llegar, además de aprender de ella.

Michelle McKinney Hammond

Autora de *What to Do Until Love Finds You* y *Secrets of an Irresistible Woman*

Priscilla es una joya en la corona de cualquiera que la conozca. Rebosa de entusiasmo e ilumina cada lugar al que entra. Sé que este libro será una bendición para todos los que lo lean y reservará a cada mujer un lugar en la corte del Rey.

Florence Littauer

Escritora y oradora

Priscilla Evans Shirer comunica con una autoridad y una sabiduría que superan su edad. Ella entiende su valor en Cristo y el propósito que Él tiene para su vida, lo que hace que su seguridad y su entusiasmo sean contagiosos.

Twila Paris

Artista contemporánea de un sello discográfico

Una joya en su corona

VUELVE A DESCUBRIR TU VALOR COMO MUJER

Priscilla Shirer

Nashville, Tennessee

Publicado por B&H Publishing Group
Nashville, Tennessee 37234

ISBN: 978-0-8054-6668-3

Publicado originalmente en inglés con el título
A Jewel His in Crown ©1999 por Priscilla Shirer

Traducción al español: Adriana Powell

Diseño interior: *Grupo Nivel Uno, Inc.*

A menos que se indique otra cosa las citas bíblicas se han tomado de la Nueva Versión Internacional © 1999 por la Sociedad Bíblica Internacional. Usadas con permiso. Las citas marcadas RVR60 se han tomado de la Versión Reina-Valera 1960, © 1960 por Sociedades Bíblicas en América Latina. Usadas con permiso.

Impreso en EE.UU.
1 2 3 4 5 * 11 10 09 08

Este libro está dedicado cariñosamente a mi madre:

Eres la verdadera imagen de la gracia, la elegancia y la dignidad.

Estoy agradecida de que Dios haya querido entregarme a ti, en quien

he visto mi verdadero modelo de mujer de excelencia.

Índice

PREFACIO

He llegado a conocer a Priscilla Evans Shirer, tanto personal como profesionalmente. Tiene una voz fresca y natural, tanto cuando canta como cuando escribe. Priscilla es una de esas personas que dicen la verdad, que brinda a su público y sus lectores una imagen auténtica de lo que significa ser una mujer piadosa, no solamente cuando está bajo los reflectores, sino también en la vida cotidiana. Es segura y confiada, una mujer de muchos talentos y dones que le permiten comunicar la verdad de Dios con poder y efectividad.

La cuestión del carácter como mujer cristiana es una prioridad en la pasión y la visión de Priscilla. Ella conoce la importancia de que cada mujer tenga una clara idea de quién es, a quién pertenece, y hacia dónde va. De eso se trata *Una joya en su corona*. En estas páginas, Priscilla les muestra a las mujeres de Dios quiénes son en Cristo: hijas del Rey Jesús, y qué tiene preparado Él para quienes lo siguen. Muestra la manera en que Dios puede redimirlas del dolor de sus pecados y cambiar ese dolor por un gozo nuevo, difícil de entender por completo de este lado del cielo.

Reconoce acertadamente que la Palabra de Dios tiene algo para decir sobre cada decisión de la vida, y ofrece consejos prácticos para descubrir los propósitos y los planes especiales que Dios ha creado para cada mujer.

Priscilla ha expuesto el mensaje de este libro en conferencias a lo largo de los Estados Unidos, y el resultado ha sido vidas transformadas. Ahora en forma escrita, esta será una herramienta aún más poderosa para las mujeres que no se avergüenzan de ser llamadas "seguidoras de Dios".

Dios te bendiga ricamente mientras lees y aplicas las verdades prácticas de su Palabra; y deseo que siempre puedas andar en el camino.

KIRK FRANKLIN

Especialmente dedicado a...

Papá, te quiero tanto. ¡Mi anhelo en la vida es parecerme a ti cuando sea mayor! Eres un verdadero ejemplo de lo que puede hacer el poder de Dios en la vida de quienes lo obedecen. Tú me has enseñado la importancia de la integridad y del carácter porque lo que eres en público también lo eres en privado. Gracias por ser como eres. Es un privilegio ser tu pequeñita. Te estoy realmente agradecida por la diligencia, el tiempo y la atención que me dedicaste al recordarme mi valor en Cristo. Espero que algún día mis hijos vean en mí lo que yo veo en ti: un amigo, un maestro, un confidente y una persona que me alienta.

Aarón y Malita, Eric e Ivette, Ikki y Tara, nunca sabrán cuánto me han ayudado con el estímulo, las oraciones y el apoyo que me brindaron durante uno de los momentos más difíciles de mi vida. Ustedes sí que son amigos de verdad. Gracias por recordarme que soy "una joya en su corona".

Mis hermanos Chrystal, Anthony y Jonathan: no puedo imaginarme la vida sin ustedes. Hemos compartido todo, y me han ayudado a moldear mi vida. Los tengo como ejemplo por su denuedo, los admiro por su dedicación y aspiro a lograr su nivel de excelencia. Gracias por darme el regalo de ser mis mejores amigos.

Sharon y Jada, gracias por ayudarme a ser responsable y por guiarme a través de tantas idas y vueltas en mi corta vida.

Tía, te quiero y te aprecio. Por todas las noches y los días que pasaste orando, ayunando, hablándome y escuchándome; te estoy verdaderamente agradecida. Tu vida es un ejemplo para mí y oro para llegar a ser la mitad de lo que tú has sido como tía.

A mi dulce sobrina Kariss. Eres la niña de mis ojos. Cuando naciste, yo fui la primera persona que te tocó. Cuando sentí tu cálido contacto, oré ahí mismo en la sala de parto para que el Señor te guardara bajo su perfecto cuidado y protección. Desde ese momento, he orado constantemente por ti para que, mientras te abras camino en esta vida, dejes de lado todo pecado y estorbo que pueda enredarte, y corras con tenacidad la carrera que tienes por delante. Eres una niña hermosa y Dios ya te ha bendecido de manera incalculable. Jamás olvides que eres "una joya en su corona".

Y finalmente, a Jerry: el Señor te envió a mi vida cuando menos lo esperaba, pero cuando más lo necesitaba. Llegaste y me devolviste lo que una vez había perdido. Gracias por ser mi restaurador, mi sombra, mi protector, mi santificador, mi rescatador, mi confortador, mi amigo y mi esposo (y podría continuar). Eres un milagro, y dedicaré el resto de mi vida a amarte cada vez más. Gracias por recordarme todos los días que soy especial ante tus ojos.

CAPÍTULO I

DIAMANTES EN LA CORONA DEL REY

¿Alguna vez te detuviste a contemplar las deslumbrantes gemas exhibidas en una joyería? Los reflectores realzan los hermosos zafiros, los rubíes, las esmeraldas y los diamantes, encendiéndolos de color. El oro brilla, la plata resplandece, y una reluciente colección de piedras preciosas nos cautiva con su esplendor. Es difícil pasar junto a la vidriera de una joyería sin detenernos unos instantes para mirar un poco más de cerca.

Una joya es un objeto exquisito que destella luz, algo preciado y atesorado. Se mira con respeto y asombro. Quienes miran la joya, participan de su belleza, y se deleitan por el solo hecho de haber estado ante ella. Frecuentemente, cuando tenemos la oportunidad de ver en exhibición una joya fina, sentimos el deseo de poseerla, queremos tener el dinero para comprarla. La mayoría solo puede soñar con poseer algo de tan fina calidad: es demasiado costoso para nosotros.

La más exquisita de todas es la rara joya que llamamos diamante. No es una piedra fácil de conseguir, y su precio excede ampliamente al de cualquier otra joya. Las mujeres sueñan con el día en que el hombre que las ama les compre un hermoso anillo de diamantes como símbolo de su extraordinario amor eterno. Para muchos, no es suficiente un rubí ni tampoco un zafiro. Aunque estas también son piedras preciosas, no valen tanto. Un diamante es más precioso porque es extraño y prácticamente indestructible. El diamante no declara su valor de una manera ostentosa ni molesta; revela sutilmente su discreta belleza.

La afortunada que tenga la oportunidad de poseer un tesoro como ese, ciertamente lo tratará con cuidado. A menudo, los diamantes se guardan en cajas de seguridad, para lucirlo en unas pocas ocasiones especiales. Un diamante se protege y se guarda con gran cuidado. ¿Por qué? No solamente porque es una joya de gran belleza, sino también porque es rara. Un diccionario lo describe como "una piedra preciosa o cualquier persona o cosa queridísima por uno". El diccionario define el término *raro* como "no encontrado frecuentemente; escaso o poco común; inusualmente bueno o excelente". Al poner juntas esas dos definiciones, podemos inferir que las joyas raras son cosas o personas preciosas porque son buenas, excelentes y no se encuentran con frecuencia.

JOYAS PARA LA CORONA DEL REY

Dios bendice nuestra vida enviando diferentes personas en distintas etapas, para darnos lo que necesitamos en esos momentos particulares. Él usa las debilidades y las fortalezas de otros para recordarnos lo que espera de nosotros. He conocido algunas mujeres que son ejemplo de dignidad y distinción; son joyas raras. He aprendido de ellas observándolas, y espero que tú también puedas aprender de ellas y de sus luchas.

Probablemente hayas escuchado hablar sobre Elizabeth Elliot. Es una mujer de Dios, si alguna vez he conocido a una. No he tenido el privilegio de verla en persona, aunque siento como si la conociera. Escucho fielmente sus programas de radio. He leído cada uno de los libros escritos por ella que cayeron en mis manos. Tiene mi nombre en su lista de correo, y quiero escuchar todo lo que tenga para decir. ¿Por qué? Porque estoy convencida de que Elizabeth Elliot es una mujer especial.

En sus escritos menciona que nunca se consideró una mujer hermosa. Se considera una persona común. Sin embargo, no deja que esto le impida presentarse como una mujer de la corte del Rey. Ha seguido al Señor y ha vivido para Él de todas las maneras posibles. Fue y sigue siendo una mujer tranquila, que persevera en su servicio a Jesucristo. Elizabeth sirve a miles de personas de todo el mundo a quienes llega por la confianza piadosa que tienen en su persona, y les enseña a otros a ganar la misma confianza.

La mayoría de las personas la conoce por su sabiduría en cuanto a las citas románticas y las relaciones amorosas. Es una experta, no por sus estudios académicos, sino por lo que vivió: a Elizabeth Elliot le han roto el corazón.

Hace algunos años, Elizabeth conoció a un hombre llamado Jim Elliot y se enamoraron. Durante cinco años, esperaron que Dios los uniera. Todo este tiempo se mantuvieron puros y santos ante Dios.

La estima que Elizabeth sentía por sí misma la llevó a esperar el momento indicado para unirse a quien consideraba "el hombre para ella". No lo persiguió, aun cuando él no parecía interesado o cuando ella perdía la paciencia. Esperó en Dios para avanzar. Finalmente se casaron, y apenas un año y medio después él fue asesinado en América del Sur, mientras trabajaba en la obra misionera cristiana.

¡Qué inmenso dolor y angustia habrá sentido Elizabeth luego de perder al único hombre que había amado! Sin embargo, continuó sirviendo por completo a Dios y amándolo aún más por su bondad. En la vida de Elizabeth Elliot sucedió mucho más que eso; ha vivido tanto cosas buenas como malas. La manera en que manejó los triunfos y las penas de su vida habla de la elevada visión de su lugar en Cristo Jesús. Es una mujer de excelencia cuyo objetivo en la vida es adornar la corona de su Señor. Elizabeth Elliot es un diamante en la corona del Rey.

Anne Graham Lotz

Hace alrededor de un año tuve el privilegio de conocer a Anne Graham Lotz. Esta mujer me asombró por su sentido de dignidad y orgullo como mujer de Dios. Anne Graham Lotz es la hija de Billy Graham. Es una oradora que proclama con valentía las buenas noticias de Jesucristo.

Aun antes de que nos presentaran en una conferencia en Atlanta, había escuchado hablar de ella y estaba encantada de poder conocerla al fin. De inmediato pude percibir algo en ella que me produjo deseos de conocerla mejor. Me pregunté enseguida cuál era la base de su motivación. ¿Cuál era la fuerza detrás de ese poder? Físicamente es hermosa, pero no es eso lo que le da la sorprendente presencia que posee.

Mi madre me había relatado que una noche un grupo de amigos estaban sentados para cenar y le pidieron a Anne que orara por los alimentos. Mi mamá no pudo evitar abrir los ojos y mirarla mientras Anne se dirigía a Dios. El tono de su voz y el poder que llenaron la sala eran imponentes. ¡Escuchar hablar a Anne Graham Lotz es una experiencia, pero escucharla orar es asombroso!

Cuando la conocí, un hecho en particular reforzó mi opinión de que ella, con seguridad, comprendía su posición como mujer en la corte del Rey. En un momento del congreso caminó en dirección a mí y sonrió dulcemente. Me tomó de la mano y dijo unas palabras que jamás olvidaré:

—Priscilla, tu padre y el mío son personas famosas y tienen muchos seguidores. Las personas siempre quieren saber y escuchar lo que ellos tienen para decir. Pero quiero animarte a que hagas lo que el Señor te llamó a hacer sin preocuparte por cuán grande sea el ministerio de tu padre. Dios no nos ha llamado a hacer lo que están haciendo ellos. Nos llama a una tarea diferente.

Estábamos en el vestíbulo de un hotel prestigioso. Por todos lados había escritores de renombre, artistas musicales y predicadores. Anne miró a su alrededor y dijo: "Priscilla, la mitad de estas personas que tienen estos grandes ministerios llegarán al cielo y descubrirán que no estaban en las primeras filas. Lo único que yo quiero es trabajar en las primeras filas. Quiero llegar al cielo y descubrir que Dios está complacido con lo que aquí hice por Él".

¡Qué poderosas fueron esas palabras para mí! Anne no estaba preocupada por lo que pensaran los demás de su ministerio. Quería lo que el Padre deseaba para ella, y nada más. Anhelaba dar a conocer a Jesús a tantas personas como le fuera posible. No le preocupaba que su ministerio fuera tan grande y conocido como el de su padre terrenal; solo le importaba complacer a su Padre celestial. Es una mujer cuya mirada no está puesta en las cosas de este mundo sino en las cosas del Señor.

Anne Graham Lotz es un diamante en la corte del Rey, un adorno en su corona.

María, la madre de Jesús

María, la madre de Jesús, era una mujer de excelencia. No solo dio a luz a nuestro Señor y Salvador, sino que también fue la elegida para criarlo y amarlo para que Él pudiera entregar su amor al mundo. En una época cuando el embarazo fuera del matrimonio era castigado con la muerte, esta mujer confió en que Dios controlaba las circunstancias. Creyó en lo que Dios le había dicho, y estaba segura de que la sabría cuidar, a pesar de los problemas que pudiera enfrentar debido a su situación.

María acababa de comprometerse con José cuando un ángel le habló anunciándole lo que le esperaba. ¡Cuánto miedo habrá sentido! No solamente tendría un bebé, engendrado de manera sobrenatural por el Espíritu Santo, sino que además tenía que decirle al hombre al cual estaba prometida en matrimonio que estaba embarazada, y que el bebé no era de él. Me imagino que María estaría demasiado preocupada ya que José podría rechazarla y negarse a seguir con ella.

¡Qué absurda habrá parecido la historia! ¿Te imaginas diciéndole a tu novio que estás embarazada pero de otra persona, no obstante un ángel se te apareció y te dijo que ese bebé salvará al mundo de sus pecados? José seguramente habrá pensado que María se había vuelto loca. Peor aún: él tenía el derecho legal de hacer que María fuera apedreada por su promiscuidad.

Sin embargo, y a pesar de todos esos miedos, María confió en Dios y creyó en que Él la cuidaría. Tuvo fe en el Señor y en su plan. Confió en sus promesas, aun cuando las circunstancias marcaran que tenía graves problemas.

¡Cuán piadosa y recta habrá sido María para ser escogida como la madre de nuestro Señor! Dios miró hacia la tierra y vio muchas mujeres como potenciales madres de Jesús, pero luego de completar la búsqueda, eligió a María. Era una mujer virtuosa, que amaba a su Señor y se apreciaba a sí misma lo suficiente, como para enfrentar lo que sin duda fue la experiencia más angustiante de su vida. Sin importarle el costo, consideró un gozo sufrir en nombre de Dios. Esta mujer, la madre de Jesús, fue un diamante en la corte del Rey. Hoy sigue brillando como un adorno en esta corona real.

ℰLIZABETH CANNINGS

Elizabeth Cannings también es una mujer de excelencia. Es la hermana de mi madre, y mi padre la describe como la mujer más piadosa que conoce. Es una hermosa mujer que solo quiere servir a Cristo. Tiene todas las cualidades de la mujer virtuosa de Proverbios 31. Es sumamente trabajadora y también es conocida por su diligencia en el servicio. Ha estado comprometida de alguna forma en el ministerio durante muchos años. Trabaja sin quejarse ni protestar porque sabe que su premio viene de la más alta Fuente. Jugó un papel clave en la educación de mis tres hermanos y yo, y todos la llamamos la "Tiíta".

Para mí, la "Tiíta" siempre ha sido un poderoso ejemplo de cómo una mujer debe ser y actuar. Valora muchísimo la Biblia y vive de acuerdo con sus preceptos. Tuvo muchos pretendientes pero se mantuvo soltera y virgen toda su vida. Sus normas son sumamente altas porque es una joya rara. A los cuarenta y tres años, no permite que haya hombres en su casa a menos que otras personas estén presentes. Esta es una regla que a muchas personas de mi edad ni se les cruzaría por la cabeza.

Mi tía Elizabeth quiere estar segura de glorificar a Dios con su cuerpo, su mente y su espíritu. Nunca es el centro de atención; solo cumple silenciosamente su trabajo con una sonrisa. Es amorosa, protectora y de mucha confianza. Es piadosa y el mundo lo sabe, no porque ella lo diga con sus palabras, sino porque lo demuestra con su vida. Es un ejemplo de mujer que me gustaría seguir. Elizabeth Cannings adorna la corona del Rey como un diamante en su corte.

$\mathcal{A}$NA

Ana, la madre del profeta Samuel en el Antiguo Testamento, era una mujer de excelencia. Durante años oró para que el Señor le diera un hijo. Estaba desconsolada porque no podía quedar embarazada. Pero no permitió que esto arruinara la relación con su Señor. Mantuvo sus ojos puestos en Él y en lo que creía que Dios podía hacer por ella.

En el mundo antiguo en el que vivía, cuando una mujer no podía concebir, la miraban con desprecio y rechazo. Era considerada inútil para su esposo, su familia y su comunidad. Debido a esa situación, Ana podría haberse enojado con Dios. Ahí estaba ella, sirviéndolo y amándolo como debía, y Él no le concedía lo único que la hubiera hecho aceptable ante la mirada de los demás. Pero aun cuando Ana estaba desanimada por su imposibilidad de concebir, mantuvo su mirada puesta en Dios y en su justicia.

Es probable que Ana se haya sentido inútil e impotente. Sabía que la veían con deshonra; que cuando los demás la miraban, estaban desconformes con el resultado de su vida. Se sentía poco valiosa. Sin embargo, por el relato sobre Ana suponemos que ella creía que el plan de Dios era más grande que sus anhelos o sus proyectos. Parecía aferrarse a la seguridad de que Dios estaba ocupándose de hacer algo aun más grande que cumplir su deseo de tener un hijo. Parecía saber que el Padre celestial podía y haría algo maravilloso en su vida si tan solo creía y esperaba en Él.

Ana reconoció que Dios era capaz de hacer mucho más de lo que ella podía pedir o pensar (Efesios 3:20). Dios respalda a las mujeres que descansan en Él y están dispuestas a esperar que complete lo que falta en sus vidas. Se complace cuando las mujeres creen que Él sabe lo que está haciendo y están dispuestas a someterse a su ritmo.

¿Alguna vez te has sentido inútil? Yo sí, a veces lo he sentido. Quizás tus amigos y familiares se hayan desilusionado porque nunca terminaste la secundaria o la universidad. Tal vez no hayas logrado lo que ellos pensaban que debías hacer. Quizás no estés al nivel de sus expectativas. Si eso describe tu situación, puedes estar segura de algo: Dios tiene un plan poderoso para ti, como lo tuvo para Ana. Ahora, en este preciso instante, Dios está haciendo funcionar todas las cosas para el bien de quienes lo aman y han sido llamados conforme a su propósito (Romanos 8:28).

Si Ana hubiera estado fuera de la voluntad de Dios, no habría vivido el gozo y la bendición que Dios le tenía preparado. Si hubiera dado a luz a Samuel antes del tiempo establecido, habría sido el momento equivocado. Dios tenía un plan que excedía al deseo más profundo de Ana. Él estaba interesado en lo que ese hijo haría por toda la nación de Israel.

¿Qué quiere Dios para ti? Si esperas hasta recibirlo, las bendiciones serán diez veces más grandes. Si Dios lo hace de acuerdo a tu cronograma, puedes perderte la bendición especial que tiene para ti. Mujeres de excelencia: Recordemos que Dios tiene planes mucho más grandes y mejores que los nuestros.

Ana es una mujer en la corte del Rey; es un diamante que adorna su corona.

TERRY WILLITS

Terry Willits es una mujer de excelencia. Es una escritora y oradora que usa sus habilidades como decoradora de interiores para enseñar a las mujeres cómo lograr que sus hogares glorifiquen más a Dios. Su personalidad tranquila pero burbujeante cambió la vida de muchas mujeres que quieren hacer de su casa un lugar donde la familia pueda descansar.

Terry y su esposo están casados desde hace doce años y les encantaría tener hijos, pero parece que Dios tiene otros planes. Terry, como una Ana moderna, confía en Dios en cuanto a tener hijos. Ella le ha preguntado: "Bien, si no tengo hijos, ¿entonces, qué me darás?" No se queja ni crea problemas. Solo descansa y confía en que Dios tiene otro plan.

La disposición de Terry de confiar en Jesús me conmueve profundamente. Me siento insignificante ante esta mujer, pequeña de estatura pero gigante en fe. Terry sabe que, a través de ella, el Señor dio a luz un ministerio que ha ayudado a mujeres de todas partes. Ella es un estupendo ejemplo de qué deben hacer las mujeres del reino para que sus hogares sean lo primero. Terry hizo de su esposo y de su hogar la prioridad número uno, y aunque viaja intensamente, se concentra en su hogar y en la belleza y el descanso que su familia podrá encontrar allí.

Terry Willits es un diamante en la corte del Rey, y adorna bellamente su corona.

MARTA

Marta era una mujer de excelencia, aunque muchas personas todavía la critiquen. Cuando Jesús visitó su casa, las dos hermanas, María y Marta, lo recibieron y lo atendieron. María fue la que se tomó el tiempo de sentarse a los pies de Él y disfrutar de su presencia. Marta fue la que se atareó en la cocina, preparando cosas para el Señor, tratando de servirlo bien y de hacer todo a la perfección.

Aunque la posición de María a los pies de Jesús era importantísima, también lo era la de Marta en la cocina. Mientras se apuraba para preparar la comida, le preguntó al Maestro por qué María no estaba ayudándola. Sentía como si estuviera haciéndolo todo ella sola. Se sentía cansada y frustrada porque se estaba esforzando demasiado por Jesús.

Marta establece un asombroso ejemplo para quienes buscamos servir al Señor. Por supuesto que no debemos permitir que el servicio, las tareas y las responsabilidades nos distraigan de nuestra íntima relación con Cristo. Debemos mantener el orden de las prioridades. ¿Pero qué podría ser más hermoso que una mujer que sirve con diligencia al Maestro? Ella no le ofrece las sobras. Le brinda solo lo mejor. El deseo de Marta era asegurarse de que Jesús estaba bien atendido. El servicio de Marta fue excelente.

Sin temor a equivocarme, creo que podríamos decir que por el único motivo que María pudo relajarse y disfrutar de la presencia de Jesús, fue porque el trabajo de Marta era eficiente. Si Marta hubiera hecho su trabajo al descuido, María tendría que haberse levantado, y ocuparse en ayudarla. María pudo sentarse a los pies de Jesús porque Marta había barrido el piso en el que María estaba sentada. Aunque las tareas de Marta la privaron de estar al lado de Jesús, lo servía diligentemente y de corazón. Marta es un diamante en la corte del Rey, adornando su corona.

TERRY MEEUWSEN

Terry Meeuwsen es una mujer de excelencia. Es una gema preciosa que destila la belleza y la feminidad de la mujer. Llegué a conocer bastante bien a esta mujer piadosa, pues fui oradora en un congreso femenino de Mujeres Aspirantes, y Terry era una de las anfitrionas del encuentro.

Terry es una ex Miss Estados Unidos y actual coconductora del *Club 700*, junto a Pat Robertson. Durante años la observé en televisión, y siempre pensé que era una hermosa mujer. ¡Pero cuánto más bella me parece ahora que la conozco! Es cálida y compasiva, y ama al Señor con todo su corazón. En mis viajes me encuentro con muchas mujeres ampliamente conocidas, y me molesta descubrir que muchas de ellas están tan absorbidas por lo que lograron, que han olvidado la verdadera razón por la que lo han hecho. Parecen no recordar que sus esfuerzos deben apuntar a glorificar a Dios, y no a sí mismas. Terry sabe de quién es hija y usa sus logros para glorificar a su Padre.

Terry es humilde y da gusto estar cerca de ella. Es esa clase de mujer que hace que te den ganas de conocerla mejor. Su calidez te acerca a ella. Cuando me senté a conversar con ella aquel día que nos conocimos, me preguntó si yo era casada. Le dije que no, pero le conté sobre algunos de los chicos que estaban tratando de captar mi atención. Le mencioné un hombre en particular, al cual estaba considerando para casarme.

Nunca olvidaré el poder y la delicadeza del consejo de Terry cuando usó la Palabra para animarme a esperar en el Señor y a confiar en su guía. Me mostró la verdad de Dios con absoluta sinceridad. Terry conoce tan bien la Biblia que es capaz de ministrar a cualquier persona y en cualquier lugar de una manera amable y profunda. Su estilo atrae a la gente no solamente hacia ella, sino también hacia Jesús. Yo oro para que, en la medida que crezca en el Señor, sea capaz de ministrar a los demás como Terry Meeuwsen lo hizo conmigo. ¡Ella es un diamante en la corte del Rey!

Estas mujeres son joyas raras, valiosísimas, hermosas, llenas de luz y de vida. Son ejemplos de mujeres consagradas que saben quiénes son en Cristo Jesús. Su autoestima está arraigada en la relación con Él, y por este motivo otros resultan bendecidos.

Mientras que a primera vista este tipo de mujeres puede parecer fuera de nuestro alcance, son mujeres como tú y yo. Han enfrentado temas como el noviazgo, la soltería, el matrimonio, los hijos, el divorcio, la enfermedad, la soledad, las deudas y la ansiedad. Han estado en el mismo lugar que tú.

El diablo las ha tentado muchas veces para que olviden su valor como hijas de Dios. Sin embargo, estas mujeres de la corte del Rey decidieron no permitirle sacar ventaja. Han escogido permanecer bajo la autoridad y en las promesas de la Palabra de Dios. No tienen más fuerza que tú ni que yo. También han enfrentado el fracaso y han cometido errores, pero eligieron recordar que la Biblia dice que Él "...nos ha concedido todas las cosas que necesitamos para vivir como Dios manda" (2 Pedro 1:3).

$\mathcal{L}$OIS EVANS

De todas las gemas que he hallado en la corte del Rey, quiero hablarte de una persona que en verdad es una joya rara y preciosa. Lois, mi madre, es un diamante de altísima calidad. Quizás sea un cliché referirse a la propia madre diciendo que es una mujer tan valiosa, pero es evidente que, debido a que mi madre es consciente de su valor como mujer del Rey, todos a su alrededor se benefician.

Así como la belleza de un diamante habla por sí misma, mi madre no habla demasiado y jamás levanta la voz, pero lo que dice con su vida es irrevocablemente profundo. No anuncia su entrada con ropa llamativa, maquillaje cargado, ni con una voz estridente. Pero todos se dan cuenta cuando entra en una habitación. Sonríe con dulzura y posee una afabilidad que hace que todo el mundo la admire. No me extraña que, treinta años atrás, mi padre se sintiera atraído hacia ella, ni me sorprende que aún hoy esté enamorado.

Cuando era adolescente y en los primeros años de su juventud, mi madre era callada y mansa. Cuidaba de sus hermanos y hermanas menores con gran cariño y orgullo, y tomó una temprana decisión de que su vida estaría dedicada al ministerio. Jamás se rebelaba ni se metía en problemas. Escuchaba a mis abuelos, aprendía de ellos y los obedecía.

Mi mamá conoció a mi papá cuando tenía 18 años. En ese momento le dijo con firmeza que ella era una hija del Rey Jesús. Por causa de su posición en Cristo, había cierta clase de cosas que ella no haría y determinados lugares a los que no iría. No se creía superior a los demás, pero sabía que estaba en una posición de realeza que le exigía comportarse de una manera única. Mi madre siempre atesoró su papel como mujer en la corte del Rey y de la misma manera enseñó a sus hijos a que valoraran esa posición.

Como mujeres con una posición real, sirviendo a un Dios soberano, debemos dar lo mejor de nosotras. Mi madre siempre ha vivido de acuerdo a este nivel de excelencia. En sus sermones, mi padre a menudo bromea con que ella se enamoró de él primero, pero yo realmente lo dudo. El dulce espíritu de mi madre, su elevada autoestima y su disposición de ir a donde Dios la guiara, son las cosas que le atrajeron a mi padre. Y aún hoy, muchas otras personas se sienten atraídas por esas cualidades.

Cuando estaban recién casados, mis padres tenían escasas posesiones. Vivían con 300 dólares al mes, pero mi madre mantenía la cabeza en alto porque se negaba a permitir que las circunstancias externas determinaran cuánto valía ella. En realidad, a menudo he visto que las mujeres que han tenido que atravesar un período de lucha, suelen tener una autoestima más alta. A veces las cosas materiales nos quitan lo realmente importante.

Mi madre nunca es llamativa. De hecho, se toma el trabajo de cerciorarse de no serlo. De niña yo la observaba probándose la ropa que pensaba ponerse para algún evento. Caminaba por el pasillo frente al espejo para comprobar que todo el conjunto fuera modesto y de buen gusto. Si esa noche tenía que cantar, recuerdo que solía ensayar los movimientos que haría, para estar segura de que su falda no mostrara demasiado su cuerpo. Ahora que me estoy volviendo mayor, me veo haciendo las mismas cosas que ella.

En la medida que ha madurado, mi madre se ha vuelto una excelente portadora de sombreros. En la cultura afroamericana, todos saben que la primera dama de la iglesia siempre se adorna con el sombrero más fino; es una tradición. Bueno, mi madre nunca ha sido la tradicional esposa del pastor. Casi no usó sombrero hasta que yo fui una adolescente. Pero cuando lo hace, los sombreros y los accesorios son magníficos. Le quedan fantásticos.

Mi madre siempre ha querido verse bien para representar su condición de hija del Rey Jesús. No quiere captar una atención excesiva hacia sí misma, sino a su Salvador. Tiene la perfecta mezcla de respeto por sí misma y honra por la casa de Dios. Si perteneces a la realeza, no necesitas hacer alarde de ello; las personas sencillamente se darán cuenta. Lo sabrán por el aire que portas, no por las cosas que llevas. Mi madre es un excelente ejemplo de mujer en la corte del Rey. Un diamante no tiene que ser llamativo o exuberante para ser impresionantemente bello.

$\mathcal{B}$RILLEMOS DE ADENTRO HACIA AFUERA

Si eres como yo, tal vez estés un poco desanimada después de haber conocido a las mujeres de excelencia que te presenté. Quizás sus atributos piadosos y sus cualidades espirituales te parezcan inalcanzables. La buena noticia es que no lo son. Lo más sorprendente de ser una mujer en la corte del Rey es que todas nosotras, sin importar cómo nos veamos, somos hermosas ante sus ojos. Él sigue puliéndonos y refinándonos para hacer que cada faceta de nuestra personalidad sea un reflejo brillante de su amor. Pero, desde luego, su trabajo de perfeccionamiento lleva tiempo; a menudo, toda la vida.

Un día estaba leyendo la Biblia y me encontré con 1 Pedro 3:4, donde declara que las mujeres deben tener un espíritu suave y apacible. Tan pronto como leí eso, me sentí demasiado consternada porque yo nunca soy suave y apacible. Todo lo contrario, soy chillona y fastidiosa y siempre quiero estar metida en algo. Me sentí un poco perturbada. Parecía que para ser una mujer de las que adornan la corona del Padre como una joya preciosa, yo tenía que mostrar características que estaba segura de no poseer.

"No es justo", le dije al Señor. "Tú sabes que no puedo ser apacible. ¡Yo vivo de mis palabras, por Dios! Soy bastante impetuosa en algunas ocasiones y me resultará dificilísimo ser suave en mi manera de hablar y de actuar".

En esa ocasión el Señor me habló con gran claridad, y de una manera casi audible. "Priscilla", me dijo, "¿por qué te pediría yo que fueras algo que no tienes la posibilidad de ser? ¿Por qué te crearía yo de una forma contraria a la que declara mi Palabra?" Él no lo haría. Pero yo pensaba que no podría lograrlo, por las características que estaba más acostumbrada a manifestar. Esas palabras del Señor solo querían decir una cosa: *cambia*.

Cuando venimos a la cruz de Jesús, todo cambia, en especial nuestro ser interior. Si las cualidades de nuestra personalidad o carácter a las que estamos acostumbrados, no están en línea con la Palabra, tenemos que abandonarlas. Solo porque algunas acciones sean la norma en tu vida, no quiere decir que sean correctas.

A veces es relativamente sencillo cambiar cosas de nuestro aspecto exterior. Podemos dejar de usar vestidos cortos, podemos dejar de beber, y quizás hasta dejar de perder el tiempo con personas que no nos tratan como nos merecemos por nuestra condición. Pero el tema es más profundo. Dios quiere cambiar todo lo que tú creías que forma parte de tu existencia misma, todo lo que crees ser. ¿Nos está pidiendo demasiado? No. Tú eres una mujer de su corte y, lo que importa más, eres su hija. Estás llamada a "[ofrecer tu] cuerpo como sacrificio vivo, santo y agradable a Dios" (Romanos 12:1). Tal vez no tengamos ganas de hacerlo, pero ofrecerle a Dios todo lo que somos, es realmente nuestro "sacrificio racional". Cristo ha hecho demasiado por nosotros. ¿Acaso no es lo mínimo que podemos hacer para agradecerle? Él quiere todo. Te quiere a ti y me quiere a mí. Quiere enseñarnos a entender y a creer que somos las mujeres de la realeza que Él nos ha destinado a ser. Quiere que reconozcamos el llamado que ha puesto en nuestra vida y que actuemos en consecuencia. No quiere que montemos un espectáculo. Él quiere que realmente creamos en nosotras mismas y en nuestro potencial *en Él* para lograr las grandes cosas en su reino.

$\mathcal{E}$L PODER PARA BRILLAR

No es tan difícil aparentar que estamos haciendo todo bien. ¿Cuántas veces has conocido a alguien que te causó una primera impresión maravillosa? Sin embargo, una vez que tuviste un acercamiento más profundo, descubriste que realmente no había mucho en ella.

Cierta vez escuché que Charles Swindoll narró una historia que ilustraba maravillosamente esta idea. Un día, un hombre estaba de viaje y llegó a una gran masa de agua. No podía rodearla; era demasiado grande. Se veía intimidante. Era enorme, y cuando el agua caía sobre las rocas y pegaba contra la costa, el ruido era imponente.

El hombre estaba preocupado e inquieto, pero finalmente decidió que de la única manera en que llegaría a su destino era cruzándolo por el medio. Dio un paso hacia adelante y descubrió que el agua de la orilla solo llegaba a 5 cm (2 pulgadas). Dio algunos pasos más y se dio cuenta de que no era mucho más profundo. Siguió caminando, y pronto comprobó que toda la masa de agua no tenía más de 5 cm de profundidad. Logró cruzar a salvo al otro lado, y lo único que se le mojó fueron los zapatos.

Lamentablemente, muchas veces nuestra vida es así. Parecemos importantes e intimidantes, pero cuando las personas dan un paso y entran en nuestra vida, ¡descubren que apenas tenemos 5 cm de profundidad! No somos casi nada. Somos superficiales. No existe la calidad de carácter ni la profundidad, y no hay belleza más allá de la superficie de nuestra existencia. Ahora bien, tengo que ser sincera contigo: este es uno de mis grandes temores en la vida: ser más amplia que profunda. Mi oración por ti y por mí es que, cuando las personas entren a nuestra vida, se encuentren con que están ingresando a un manantial claro y profundo, lleno de valor, de gloria y de poder. Mi oración es que otros encuentren en mí atributos ilimitados a la espera de ser derramados sobre el mundo.

Son muchas las cosas que me han hecho considerar la cuestión de la autoestima con total seriedad. Las relaciones, las amistades, las malas decisiones y otros elementos, han formado parte de mi preocupación. En los capítulos que siguen, quiero presentar la autoestima por lo que es realmente y explorar lo que significa en la vida de cada mujer en la corte del Rey.

Un día me di cuenta de que cuando las personas me miran, muchas veces ven a la hija de un famoso pastor, a una mujer bien educada, bastante bonita e inteligente, que ha ganado varios concursos, certámenes y premios. Aunque en realidad sepan poco de mí, más allá de las cosas exteriores, de inmediato suponen que lo tengo todo. Del mismo modo, he visto mujeres que parecen fabulosas y tienen maridos y familias maravillosas. Poseen grandes autos y casas fastuosas; son populares y parece que tienen todo a su favor. Me he preguntado qué podría andar mal en sus vidas. Entonces se me ocurrió: "Yo podría estar equivocada en cuanto a ellas como ellas podrían estarlo conmigo". A menudo, la apariencia exterior es un indicador sumamente incorrecto de lo interior.

No es difícil mostrar una imagen y sentirse de otra manera. De hecho, muchas mujeres que lucen imponentes por fuera, se esmeran con el propósito específico de cubrir el dolor y el vacío que sienten en su interior. La verdad es que, a menos que estés conectada con Dios, la fuente de poder interior, de nada servirá todo el esfuerzo que estás poniendo en tu apariencia. No lo lograrás.

Una mujer que tenía que comprar un refrigerador nuevo, estaba decidida a comprar el mejor que pudiera encontrar. Quería lo mejor. Así que fue a la mejor tienda y preguntó por el mejor vendedor, y le pidió que le mostrara el mejor refrigerador. Entonces, el vendedor le mostró uno de 4500 dólares. Obviamente, era un refrigerador estupendo. Lo compró y pidió que se lo entregaran en su casa. Fue al almacén y compró verduras, leche, helado y todo lo que podía recordar que pondría en su nuevo refrigerador. Lo llenó y se fue a dormir.

A la mañana siguiente, y para su consternación, vio que el helado chorreaba por uno de los costados del congelador, que la leche se había cortado y que las verduras se habían echado a perder. El refrigerador no funcionaba. Era una mujer cristiana, ¡pero estaba evangélicamente enfurecida! Llamó por teléfono a la tienda y pidió por la persona que había hecho la venta. Cuando el vendedor atendió el teléfono, ella procedió a explicarle en términos bien claros que no había comprado ese refrigerador nuevo para que toda la comida se le pudriera, y que simplemente no funcionaba.

El vendedor estaba mortificado y se disculpó largamente por el error. "Lo lamento tanto, señora. No puedo entender cuál pudo haber sido el problema, pero antes de que vayamos a su casa a solucionarlo, ¿puedo preguntarle algunas cosas por teléfono?" Aunque estaba demasiado enojada, la mujer aceptó responder, no sin cierto desdén. El vendedor le dijo:

—Señora, ¿podría acercarse al refrigerador, abrir la puerta y ver si la luz interna se enciende?

Ella dejó a un lado el receptor del teléfono y fue hacia el refrigerador. Abrió la puerta, regresó al teléfono y dijo:

—No, señor, la luz no se encendió.

—Bien, señora —dijo el vendedor—. ¿Podría mirar por debajo y escuchar si el motor está en funcionamiento?

Ella volvió al refrigerador y se inclinó hasta el suelo. Al volver al teléfono, le respondió:

—No, no escucho que el motor esté en marcha. Como ya le dije: ¡el refrigerador no funciona!

Entonces, el vendedor le dijo:

—Señora, solo una cosa más. ¿Podría mirar detrás del refrigerador? Allí hay un cable negro. ¿Puede ver si está enchufado?

Ella dejó el teléfono y regresó hasta el refrigerador. ¿Podrías creerlo? Hete aquí que no lo había enchufado. Volvió al teléfono y dijo:

--¡Por 4500 dólares, no tendría que ser necesario enchufarlo!

Puedes reírte pero, desgraciadamente, así es como vivimos muchos de nosotros. Gastamos cualquier cantidad de dinero en asociarnos a los gimnasios más reconocidos; invertimos en maquillaje, en peluquería y en cuidarnos las uñas; compramos automóviles de colección y casas elegantes y usamos costosos portafolios de cuero en nuestros impresionantes trabajos. Pero aunque gastemos todo el dinero del mundo en nuestro aspecto exterior, nunca podremos cubrir por completo el desastre que tenemos adentro. Tarde o temprano, alguien descubrirá que no somos lo que decimos ser.

No podemos brillar por fuera si el poder de Dios no trabaja en nuestro interior. No importa cuánto esfuerzo pongamos en lo exterior, todo será inútil hasta que nos conectemos con la verdadera fuente de poder de nuestra belleza. Todo el maquillaje del mundo no cuenta si nuestro interior es un desastre.

DIAMANTES EN BRUTO

¿Alguna vez te has considerado un diamante en bruto? Así es como Dios nos ve, incluso a las mujeres hermosas de las que hablamos anteriormente. Él siempre está trabajando en nuestra vida, ayudándonos a brillar más para Él. Exploremos juntas nuestro interior; quiero ayudarte a descubrir cualquier cosa que te impida alcanzar tu verdadero potencial como una joya rara y hermosa en la corte del Rey. Mirémonos profunda y claramente a nosotras mismas hoy y pidámosle al Señor que nos muestre lo que quiere hacer en nuestro corazón y en nuestra vida.

¿Estás preparada para dejar que el poder de Dios te transforme desde tu interior? De eso se trata este libro. ¿No es hora de que dejes de culpar a todo el mundo por tus fracasos, por tu aparente incapacidad para destacarte en algo? Quizás hoy estés leyendo este libro y seas exitosa y todos te miren con respeto. Eres talentosa y cautivante. ¿Estás usando tus talentos para tapar el desastre que tienes que limpiar en tu interior? ¿Te avergüenza lo que alguien pueda descubrir si se mete en tu vida y conoce tu verdadero yo? ¿Hay una tormenta en tu interior que necesita de la voz del Maestro diciendo: "Silencio, ¡cálmate!"? Miremos adentro y seamos sinceras con lo que encontremos ahí.

¿Qué nos mantiene cautivas de la decepción, la desilusión y la desesperación? Ya tenemos todo lo que necesitamos para ser mujeres del reino. Todo aquello que pudiera estar mal (las relaciones negativas, los malos hábitos, la deshonestidad, las deudas, el miedo y la ira) es reflejo de algo mucho más profundo. Es hora de que nos veamos como el Dios Todopoderoso nos ve. Es hora de que dejemos de permitirles a los demás que determinen cuánto valemos. Es hora de que nos saquemos las máscaras que nos encubren y seamos auténticas con Dios.

Él conoce nuestras heridas y nuestro dolor. Sabe que para nosotras es una lucha difícil esperar y confiar en Dios. También sabe que durante nuestros momentos de lucha, de espera y de preguntas desarrollamos el carácter que durará por toda la eternidad. Existe un gran plan en marcha que en este momento no podemos ver. Según Romanos 8:28, Dios está obrando todo para el bien de quienes lo aman y son llamados de acuerdo a su propósito. ¿Puedes creer eso?

Mi deseo es que nos esforcemos por ser mujeres de excelencia al seguir el ejemplo de personas como las que te presenté. Dejemos de lado todo lo que podría robarnos la autoestima, y recordemos que Dios nos ha creado con un valor inestimable. Naturalmente, Satanás quiere que olvidemos quiénes somos en realidad. Sabe que caeremos fácilmente si no nos miramos como Dios nos ve. Sabe que iremos a lugares que no deberíamos ir y que estaremos con personas con quienes no deberíamos estar, todo eso en el intento de tomar por nosotras mismas lo que Dios ya nos ha prometido en su Palabra. Satanás sabe que la clave para nuestro éxito o fracaso está en nuestra autoestima. Por eso es tan importante para nosotras agradecer hoy el hecho de ser mujeres en la corte del Rey.

El efecto que la información de este libro tendrá en tu vida corre por tu cuenta. Ora en este momento para que Dios te ayude a derribar los muros con los que te proteges. Pídele que te ayude a ser honesta con respecto a la basura que hay en tu vida y a ser sincera con Él. ¡Ya es hora! Hoy es el día para el cambio y para renovar el poder en nuestra vida.

Estamos a punto de embarcarnos en un viaje que nos revelará la verdad. Estoy decidida a recobrar lo que el diablo me ha robado y a reclamar mi posición como rara y preciosa joya de Dios.

¿Qué harás tú?

Piensa en lo siguiente

✠

¿Qué quiere enseñarte el Señor en cuanto a ser una mujer de Dios?

✠

¿Qué cosas has hecho que te desviaron de ser una mujer de excelencia?

✠

¿Cómo te ves a ti misma?

✠

¿Cómo crees que te ven los demás?

✠

¿Eres la mujer que se describe en 1 Pedro 3:1-5 o en Proverbios 31?
¿Por qué sí o por qué no?

✠

Cómo diamante en bruto, ¿qué cosas ves en ti que Cristo tiene que refinar?

✠

¿En qué esperas verte diferente cuando termines de leer este libro?

Oración
De entrega

Querido Señor: Yo, _____,
estoy cansada de tener sentimientos negativos hacia mí misma. Por algún
motivo, me he sentido desanimada y no he vivido de una manera que muestre al mundo mi posición en tu Reino. Reconozco que no soy perfecta y que
necesito ayuda en las siguientes áreas:

_____

_____

_____

Te pido que me ayudes a convertirme en la mujer que siempre has querido
que sea. Hoy estoy haciendo un nuevo compromiso contigo, Señor. No quiero que el diablo vuelva a tener la victoria en estas áreas de mi vida. Quiero
sentirme siempre como una mujer que te pertenece y que está en el centro de
tu voluntad para mi vida. Por favor, mientras esté leyendo este libro muéstrame las cosas en las que tengo que trabajar y dame la actitud adecuada para
hacer el esfuerzo de cambiar para mejor. Mi objetivo es vivir para ti. Te
amo, Señor.

En el nombre de Jesús, amén.

Fecha de hoy:

_____

CAPÍTULO 2

PROMOVIDAS HACIA LA REALEZA

Estoy contenta de que hayas decidido embarcarte conmigo en este viaje de autodescubrimiento. Al continuar leyendo y reflexionando, estás haciendo algo que muchas mujeres jamás hacen: tomar la iniciativa de descubrir qué cosas de ti misma necesitas cambiar. Me alegro de que hayas tenido el valor de darte cuenta de algo sumamente importante: Nadie puede hacer por ti lo que tú debes hacer por ti misma.

Lamentablemente, muchas de nosotras dejamos que la forma en que nos sentimos (ya sea estimadas o inferiores) dependa de lo que piensan los demás. Estamos pendientes de cómo van a responder las personas, ya sea por nuestra vestimenta o por nuestra apariencia. Nos preguntamos si estamos elegantes o no. Queremos que nuestra apariencia dé el mensaje correcto de quiénes y cómo somos. Los publicistas tienen en cuenta este rasgo y el resultado es un frenético bombardeo en los medios de comunicación.

Los creadores de los comerciales televisivos y de los avisos gráficos quieren convencernos a las mujeres como tú y yo de que si compramos lo que venden seremos el alma de la fiesta, ganaremos un montón de dinero o conseguiremos al mejor hombre del mundo. Saben que si nos convencen, nos tendrán en la palma de sus manos. Seguramente con frecuencia compramos sus productos en un esfuerzo por lograr la aceptación de los demás. Aunque esta tendencia no siempre es destructiva, por lo general significa que quizás tengamos que transigir entre lo que realmente queremos y lo que *otro* quiere que tengamos.

Gastar demasiado en productos que realcen nuestra autoestima puede ser un negocio carísimo y hasta puede volverse adictivo. Pero existe un peligro peor: Preocuparnos demasiado por la opinión de los demás puede resultar autodestructivo.

$\mathcal{L}$A HISTORIA DE UNA MUJER

Hace poco estaba dando una conferencia y tuve la oportunidad de conocer a una joven llamada Allison. Aunque muchas mujeres tenían ganas de conversar conmigo al finalizar el encuentro, solo unas pocas lo hicieron. Poco tiempo después de que terminara la conferencia, recibí una llamada de Allison. Cuando nos conocimos en la conferencia, me había parecido vibrante, inteligente y hermosa; daba la impresión de estar sentada en la cima del mundo. Pero cuando conversé por teléfono con ella un par de semanas más tarde, me di cuenta de que era sumamente infeliz. No había casi nada en ella que le gustara.

Algunos años antes, Allison había tenido un bebé cuando era soltera y había entregado a su hijo en adopción. Ese recuerdo la angustiaba. Más recientemente, su esposo, a quien ella amaba profundamente, había caído en las drogas y el alcohol, y quería divorciarse. Las presiones que vivía Allison le habían aumentado el apetito, y había engordado más de 9 kilos (20 libras). El rechazo de su esposo y el aumento de peso habían empeorado la ya estropeada visión de sí misma. Se sentía horrible, y reforzaba esa percepción cada vez que se miraba al espejo.

Para agravar las cosas, Allison se había inscripto en un curso de belleza. Eso podría haber sido bueno, salvo que cada día aprendía cómo hacer que otras mujeres se vieran hermosas, y cuanto más aprendía, menos atractiva se sentía. Todo el día se empapaba de información sobre peinados, maquillaje y cuidado de las uñas, y estaba rodeada de mujeres atractivas y obsesionadas por la idea de ser hermosas.

Allison a menudo estaba triste, y pronto se volvió emocionalmente incapaz de funcionar bien en la vida cotidiana. La pobre imagen que tenía de sí la llevó a una seria depresión y hasta comenzó a tener pensamientos suicidas. Esta espiral emocional descendente en la vida de Allison tenía origen en su pobre autoestima, y ésta, a su vez, en lo que suponía que los demás pensaban de ella.

Al igual que Allison, muchas mujeres se sienten abatidas por la idea de que son tan insignificantes e inferiores, que ya no ven ninguna razón para vivir. Llegan al extremo de quitarse la vida. La mayoría de nosotras no reacciona con tanta intensidad, pero aunque no llevemos nuestras dudas hasta ese punto, permitimos que nos domine lo que otros opinan o piensan de nosotras. Felizmente, como mujeres cristianas estamos aprendiendo a basar nuestra imagen en cómo nos ve Dios y qué piensa de nosotras. Como hijas del Rey, tenemos una sola pregunta por responder: *¿Cómo nos ve y qué piensa de nosotras nuestro Señor?*

Hace poco fui con mi madre y mi hermana a ver la película *Elizabeth*. Fue una interpretación brillante del reinado de Isabel I. Recuerdo especialmente una frase que se dice al principio del film. Isabel era odiada por su hermana María, quien era la reina de Inglaterra en ese momento. María quería hacer todo lo posible por evitar que su hermana fuera reina, y llegó al punto de ordenar que la arrestaran.

Cuando los guardias vinieron a llevársela, Isabel estaba desconcertada y temía por su vida. Sabía que su hermana la odiaba y que no quería que gobernara. Sin embargo, recibió aliento de un amigo que estaba junto a ella en el momento que llegaron los guardias. Su amigo la miró a los ojos un instante antes de que se la llevaran y le dijo: "Recuerda quién eres".

Este hombre quería que Isabel recordara que, sin importar qué le hicieran o dijeran sus enemigos, nada podía anular su posición legítima. Ella era una princesa. El recuerdo de la afirmación de su amigo la ayudó a mantener la cabeza en alto. Ella era de la realeza.

Quiero animarte a que hagas como hizo la reina Isabel: levanta la cabeza y no olvides cómo te mira Dios. No importa qué circunstancias tengas que enfrentar. Nada ni nadie debería hacerte bajar la mirada al suelo en señal de derrota, pues Él es el único que "mantiene en alto [tu] cabeza" (Salmos 3:3). Eres parte de la realeza por tu nacimiento en Cristo. No importa lo que piense el resto, tú eres parte de la corte del Rey. *¡Recuerda quién eres!*

𝒫ERFECCIONADAS POR SU GLORIA

¡Eres la hija del Rey más excelso, y eso te convierte en una princesa! Por tus venas corre sangre real. Mantén tu cabeza bien alta y sé consciente de tu prestigio. No permitas que los demás decidan tu posición. ¡Has sido promovida hacia la realeza! ¿Lo crees?

Tal vez sea así, pero lo sorprendente es que tú y yo a veces permitimos que Satanás nos convenza y llene nuestra cabeza con mentiras sobre nuestra posición en Cristo. Comenzamos por escuchar mensajes equivocados y aceptar influencias negativas. En esos momentos tendemos a alejarnos del Señor y de su voluntad para nosotros.

Mira, si fueras una princesa con todas las letras y gobernaras una nación, seguirías ciertas normas. No saldrías a mezclarte con todas y cada una de las personas a las que gobiernas. ¿Por qué? Porque cuando estás en una posición de realeza, no andas por ahí con pueblerinos y plebeyos.

Imagina que eres una princesa. Eres consciente de que hay ciertas ropas que son apropiadas y ciertas comidas sanas y buenas para ti. No usarías algunas palabras ni cometerías ciertos actos con ciertas personas, por una simple razón: *Eres una princesa*. No quiere decir que seas mejor que los demás, sino simplemente que por tu posición y tu condición has sido llamada a una manera distinta de actuar, de vivir y de ser.

Como princesa, actuarías de una manera tal que muestre tu posición real. Estarías orgullosa de ser quién eres y querrías proteger tu esfera de influencia. Esperarías respeto simplemente por tu función. ¡Si fueras de la realeza, tendrías tu cabeza bien alta!

Ahora detente y piensa: ¿Cuánto más alto podrías levantar tu cabeza en este lugar, en este momento? *¡Eres de la realeza porque tu Padre es el Rey del universo!* Él gobierna todo, a todos, en todas partes. Esto no significa que seas mejor que los demás, quiere decir que has sido puesta en una posición que los demás deben respetar. ¿No tendría eso que evitar que olvides lo magnífica y preciosa que es tu posición?

El estatus es algo importante. ¿Cuántas veces has envidiado a alguien que tiene prestigio ante la mirada del mundo? Lo hacemos todo el tiempo cuando vamos al cine y vemos a una estrella cinematográfica cuyo cuerpo, rostro o modales nos gustaría imitar. Las personas que tienen prestigio terrenal a veces confían en que su lugar en el mundo hará por ellos lo que solo Dios puede hacer. Hasta en los tiempos bíblicos era reconocido el estatus. Los recaudadores de impuestos eran mirados con desdén y prejuicio, mientras que aquellos que tenían prestigio religioso eran venerados y admirados. Por distintos motivos las personas eran puestas en un pedestal o descartadas.

En los tiempos del Antiguo Testamento, luego de que el diluvio destruyera a todos los impíos del mundo, la gente veneraba a los hombres y las mujeres de Dios. Ese no es el caso hoy en día. Pero en la época bíblica, cuando hablaba un hombre o una mujer de Dios, todos escuchaban. El razonamiento para esto era simple: a quienes pertenecían a Dios se les otorgaba automáticamente una forma distintiva de respeto. La gente sabía que aquellos que habían sido llamados por Dios para cumplir su tarea, eran inmensamente benditos y merecían honra. Eran tenidos en alta estima por su relación con Dios, aunque eso no siempre significara que la gente pusiera en práctica las palabras de los profetas.

El capítulo 5 del libro de Josué relata la historia de este líder cuando estaba preparándose para una batalla trascendental. Josué vio que se acercaba un hombre amenazante. Miró la infantería que había preparado para la guerra, vio a este valiente soldado a quien no conocía, y tuvo miedo. Este hombre era imponente. Josué se acercó a él y le dijo: "¿De qué lado estás tú?" Lo que estaba diciendo era: "Mira, si estás de nuestro lado tenemos que hacer esto juntos, pero si eres del otro bando, ¡entonces me voy a casa!".

El hombre miró a Josué y habló con orgullo:

—¡Vengo como capitán del ejército del Señor!

Josué cayó de rodillas ante él porque respetaba su posición. No había venido a luchar en las tropas: había venido a dirigir la puesta en escena. Sabía por qué estaba allí y no permitiría que le cambiaran el rumbo. Era irrelevante si caía bien o no. Él tenía una posición de realeza por causa de aquel a quién representaba. Y lo creas o no, tú y yo también la tenemos. Me gusta decirlo de esta manera: "No se trata de ti, sino de aquel a quien representas".

ℰLEGIDAS POR EL PADRE

Los israelitas, el pueblo santo de Dios, siempre necesitaban que se les recordara su valor ante los ojos de Dios. Tenían el gran privilegio de ser los hombres, las mujeres y los niños a los que Dios llamaba suyos, su "pueblo elegido". ¡Qué privilegio ser tan amados por Dios como para que Él quiera que tú y todo tu clan familiar se constituyan en sus representantes ante todos los hombres! Durante un tiempo, los judíos valoraron su posición. Sin embargo, no mucho después, lo olvidaron y se alejaron de Dios.

Nosotros no somos diferentes. Cuando olvidamos nuestra posición en Cristo, nos alejamos y empezamos a vivir a nuestra manera. Cuando ya no somos conscientes de que tenemos algo que proteger, comenzamos a dar por sentado nuestra posición en la realeza y hacemos cosas contrarias a la voluntad de Dios.

Cuando no valoramos un regalo, no lo usamos en todo su potencial. Esto es precisamente lo que le sucedió a Jerusalén. El pueblo de Israel se volvió contra Dios porque se olvidaron de cuánto los amaba el Señor y cuánto había hecho por ellos. Después de años y años de desobediencia, Dios le habló al profeta Ezequiel y le dijo que debía reprender a Jerusalén por su pecado. Él tenía que recordarle al pueblo de Dios el prestigio que el Señor les había dado. A través de Ezequiel, Dios le habló al pueblo:

> *El día en que naciste no te cortaron el cordón umbilical; no te bañaron, no te frotaron con sal, ni te envolvieron en pañales. Nadie se apiadó de ti ni te mostró compasión brindándote estos cuidados. Al contrario, el día en que naciste te arrojaron al campo como un objeto despreciable.* (Ezequiel 16:4-5)

Dios quería que su pueblo recordara cómo habían sido ellos hasta que Él se les acercó. Comparó a la nación con un bebé que después de nacer había sido abandonado en el campo para que muriera. Solo y desnudo, este nuevo ser era mirado con desprecio y desagrado. Nadie tuvo compasión de esta criatura.

Antes de nuestro encuentro con el Dios vivo, amoroso y santo, antes de que aprendiéramos a llamarlo "Padre", estábamos a la intemperie, librados a nuestra suerte. Nadie nos amó tanto como para salvarnos. Aquellos que pensábamos podrían ayudarnos pasaron de largo... ¡Habríamos muerto si el Señor no hubiera intervenido!

> *Pasé junto a ti, y te vi revolcándote en tu propia sangre y te dije: ¡Sigue viviendo; crece como planta silvestre! Tú te desarrollaste, y creciste y te hiciste mujer. Y se formaron tus senos, y te brotó el vello, pero tú seguías completamente desnuda. Tiempo después pasé de nuevo junto a ti, y te miré. Estabas en la edad del amor. Extendí entonces mi manto sobre ti, y cubrí tu desnudez. Me comprometí e hice una alianza contigo, y fuiste mía.* (Ezequiel 16:6-8)

El Dios todopoderoso, el Rey del universo, los vio y tuvo compasión de ellos. Los amó cuando nadie más lo hizo. Se acercó y limpió su desorden. Y eso es exactamente lo que Dios hace por nosotros. No importa cuán grande sea el desastre que hayamos hecho, Él nos limpia. Y luego, hace más. Nos viste, nos multiplica, nos bendice y hace un pacto con nosotros que nos asegura su amor. Le importamos tanto que nos ha escogido (las mujeres a las que ha salvado), para ser sus hijas preciosas. Nos ama tanto que ha hecho un pacto con nosotras que no se puede cambiar ni alterar.

La Palabra de Dios siempre es verdadera y Él nos ha prometido algo, no importa lo que otros hagan, digan o piensen de nosotros: "Nunca te dejaré; jamás te abandonaré" (Hebreos 13:5). Nos ama tanto como para resucitarnos de la muerte que hay en nuestra vida; nos ama tanto como para decirnos "¡Vive!" Él no ha terminado con Jerusalén ni con nosotras:

Te bañé, te limpié la sangre y te perfumé. Te puse un vestido bordado y te calcé con finas sandalias de cuero. Te vestí con ropa de lino y de seda. Te adorné con joyas: te puse pulseras, collares, aretes, un anillo en la nariz y una hermosa corona en la cabeza. Quedaste adornada de oro y plata, vestida de lino fino, de seda y de telas bordadas. Te alimentabas con el mejor trigo, y con miel y aceite de oliva. Llegaste a ser muy hermosa; ¡te sobraban cualidades para ser reina! (Ezequiel 16:9-13)

¡Es asombroso! Dios tomó a una huérfana a quien nadie quería, y no solo le dio un hogar, un nombre nuevo y lo necesario para sobrevivir, sino que también fue más allá del deber y la amó. Hizo un pacto con ella y la promovió a la realeza. ¿Eres consciente de que el Rey de reyes y Señor de señores hizo lo mismo por ti y por mí? Nos ha vestido de dignidad, esperanza y justicia. ¿Valoramos lo que hizo por nosotras como para que vivamos por Él?

Nuestro Dios y Padre celestial nos hizo parte de la realeza y nos ha invitado a reinar con Él. Podría habernos puesto cualquier clase de ropas, pero como somos sus hijas nos ha dado ropas diseñadas solamente para reinas o princesas. En los tiempos bíblicos, no todos usaban sandalias de cuero fino y suave, sedas, brazaletes y vestidos bordados. Solamente aquellas personas pertenecientes a la realeza podían aspirar a tan fina indumentaria.

Lamentablemente, muchas mujeres no se dan cuenta de lo benditas que son, y se abusan de lo que les fue dado. No aprecian todo lo que Dios hizo por ellas y malgastan la gran herencia que les ha sido otorgada. Eso mismo hizo Jerusalén.

Tan perfecta era tu belleza que tu fama se extendió por todas las naciones, pues yo te adorné con mi esplendor... Sin embargo, confiaste en tu belleza y, valiéndote de tu fama, te prostituiste. ¡Sin ningún pudor te entregaste a cualquiera que pasaba! Con tus mismos vestidos te hiciste aposentos idolátricos de vistosos colores, y allí te prostituiste. ¡Algo nunca visto! Con las joyas de oro y plata que yo te había obsequiado, hiciste imágenes masculinas, y con ellas te prostituiste ofreciéndoles culto. Les pusiste tus vestidos bordados, y les ofreciste mi aceite y mi perfume. (Ezequiel 16:14-18)

Jerusalén se olvidó de lo que el Señor había hecho por ella. Ya no consideró su espléndida posición como un regalo del Altísimo, y por lo tanto lo malgastó. Cuán herido y decepcionado debe de haber estado Dios. Después de todo lo que había hecho por su pueblo, ellos seguían actuando como los gentiles.

Usaron las riquezas que les había dado para construir lugares de adoración; exaltaban imágenes hechas por hombres. Olvidaron que habían sido promovidos a la realeza. Olvidaron que habían sido encontrados, amados, apreciados, arropados, ungidos, y finalmente ascendidos a una posición como ninguna otra. Lo olvidaron y sufrieron.

Con frecuencia adoramos y alabamos la creación, olvidándonos del Creador. Es lo que hacemos cuando consideramos más importantes las opiniones de los demás que las de Dios. Estamos idolatrándolos cuando nos concentramos más en ellos que en Dios. Hermana, esto es un pecado. Uno de los Diez Mandamientos dice con toda claridad que no debemos tener ningún otro dios aparte de Él. Sin embargo, en la práctica idolatramos a otros y adoramos su opinión cuando les permitimos ocupar un lugar más importante que Dios en nuestra mente y corazón.

Dios nos ama más de lo que podemos imaginar. Nos ha salvado del desastre que habíamos hecho con nuestra vida. Nos ha llamado al gran privilegio de ser sus hijas en la corte del Rey. Él está buscando ansiosamente desarrollar una relación eterna con nosotras, en la medida que apreciemos los dones que nos ha dado. Nunca olvides, mi hermana, que hemos sido promovidas hacia la realeza.

UNA DECLARACIÓN DE INDEPENDENCIA

Cuando una mujer reconoce todo lo que vale, en ella se produce un nuevo despertar. Ya no es más presa de miedos, vergüenza ni culpa. Es libre de vivir el gozo del Señor y de alcanzar el potencial pleno de todo lo que Él tiene reservado para ella. La Palabra de Dios trae libertad. La "verdad [la] hará libre" (Juan 8:32), libre de experimentar la abundancia de vida que el Padre desea para ella. Nuestro Padre ha declarado nuestra independencia, nos ha liberado para que podamos caminar sintiéndonos deleitados y dignos junto a Él.

Hay ciertos párrafos en las Escrituras que el Señor ha usado para recordarme lo importante que soy para Él. Quiero compartirlos contigo porque es importantísimo que los guardes en tu corazón y en tu mente. La Biblia debe ser un recordatorio constante de tu posición, de tu privilegio de pertenecer a la realeza.

¿Qué mejor lugar para comenzar un viaje a través de la Palabra, que el mismísimo principio? En el primer libro de la Biblia, Dios parece mostrar un especial agrado por el género femenino. Él había creado un mundo lleno de cosas extraordinarias que nunca antes habían sido creadas, y cuya gloria no podrá ser reproducida. Él pasó seis días cuidando los intrincados detalles que harían que el mundo fuera lo que es. Hizo todo tipo de vegetación y de criaturas vivientes. A Dios le agradó mucho el mundo que hizo.

Luego hizo la más maravillosa de todas las criaturas: el hombre. Nuestro Dios estaba tan absorto por este esfuerzo, que quería llenarlo de su propio aliento para darle vida. En el séptimo día de la creación, Dios miró lo que había hecho y vio que era bueno. Descansó en la certeza de su maravillosa y perfecta creación. Sin embargo, después de todas las cosas gloriosas que había logrado, todavía faltaba algo. Había un componente perdido, y esa pieza faltante era la *mujer*.

Al crear a la mujer Dios completó su grandísima creación. Génesis 1:26 dice: "Y dijo: 'Hagamos al ser humano a nuestra imagen y semejanza'". Él creó al hombre y la mujer a su imagen. El Dios Todopoderoso amó tanto a la humanidad que nos hizo a ti y a mí a su misma imagen. La Trinidad decidió que esta creación era de tal importancia y dignidad que debía portar la imagen de su Creador.

Si eres como la mayoría de las mujeres, probablemente te hayas mirado al espejo, preguntándote por qué Dios quiso hacerte de la manera en que te hizo. Quizás siempre has estado insatisfecha por la forma en que has sido creada, y siempre deseaste algo "mejor". Fuimos hechas a la imagen misma de Dios... ¡cuán agraviado se sentirá cuando hacemos esto! ¿Cómo nos atrevemos a insultar a un Dios santo, deseando vernos distintas o ser personas diferentes? ¿Acaso no te sentirías herida si tu hijo o tu hija fueran idénticos a ti y aborrecieran esto por completo? Me pregunto cómo debe sentirse Dios cuando lloramos y hacemos un berrinche por la obra de sus manos.

Dios le dio una atención especialísima a la creación de la mujer. Ya que este sería el acto final de su creación, quería que fuera especial en todo sentido. "De la costilla que el Señor Dios había tomado del hombre formó una mujer" (Génesis 2:22, LBLA). Cuando la Biblia describe la tarea de Dios al crear el resto del mundo, no utiliza la palabra *formar*. Simplemente dice que Él los hizo o los colocó o los creó. Pero cuando describe de qué manera hizo a la mujer, usa el término "formar".

El diccionario dice que el término "formar" quiere decir dar forma o moldear. Dios configuró, moldeó, y dio forma a la mujer a su imagen. Se tomó tiempo extra para darle forma a cada uno de los intrincados detalles de la mujer. Aunque todos los términos usados en el Génesis en referencia a la formación del mundo implican la idea de creación, solo uno indica que el Creador dedicó tiempo, atención y cuidado extra a lo que estaba haciendo. Dios *formó* a la mujer.

Por este motivo pienso que, como mujeres del Rey, debemos gloriarnos por nuestro hermoso género. Es tan lamentable que en este momento el mundo esté lleno de mujeres que se niegan a disfrutar de quiénes y cómo son. Tenemos tanto apuro por trabajar como varones, actuar como varones, tomar posiciones que bíblicamente se les da solamente a los varones y declararnos iguales a ellos, que hemos perdido la belleza de ser una criatura especialmente formada por el Rey más excelso. Te ruego que descubras la belleza de tu feminidad y te deleites en ella. ¡Disfrútala! Es un regalo de Dios.

¡Cuánto nos habrá amado para darnos un cuerpo intrincadamente diseñado, que puede engendrar vida! Deberíamos agradecerle a Dios por eso. ¡Cuánto nos habrá amado para darnos un cuerpo creado para albergar la vida que traeremos al mundo! Deberíamos alabarlo por eso. ¡Cuánto nos habrá amado como para darnos la intuición que solo las mujeres tenemos, la capacidad de influenciar, y la estructura emocional de dar y recibir amor como ninguna otra criatura en la tierra! Deberíamos estar maravilladas de que el Padre hiciera todas esas cosas por nosotras; deberíamos darle gracias y darnos cuenta de cuán gloriosa es nuestra posición. El Dios del universo vio que el hombre, su mayor creación hasta el momento, necesitaba ayuda. Entonces le dio un glorioso regalo... ¡tú y yo!

Muchas de nosotras no solo estamos insatisfechas con nuestro aspecto físico, sino que también estamos disconformes por nuestro ser interior. Nos gustaría ser más alegres, más cuidadosas o menos locuaces. Hay cualidades magníficas que vemos en otras personas y que también nos gustaría poseer.

Tengo una amiga especial llamada Tashara. Es una hermosa mujer a la que he admirado durante mucho tiempo. No solo es físicamente hermosa sino que, hasta donde puedo recordar, también ha sido una persona feliz. Haya lluvia, sol, aguanieve o granizo, esta mujer tiene una sonrisa en el rostro y algo positivo para decir. Eso explica que muchas personas se acercan a ella y anhelan estar en su compañía. Al crecer con ella, no solo deseaba tener su increíble y delgado cuerpo, sino también poder adoptar su actitud despreocupada y feliz. Me encantaba su sonrisa y a veces trataba de imitarla. Sin embargo, pronto tuve en claro que yo no era Tashara. Me requería demasiado esfuerzo sonreír como ella y tratar de tener su actitud todo el tiempo. ¡Era aun más difícil que intentar caber en el talle de ropa que ella usaba! Pronto aprendí que, aunque las cualidades de Tashara fueran admiradas y apreciadas por todos, lo que las hace especiales es que le pertenecen a ella. No puedo ser como ella, porque no soy ella. Dios quiere que apreciemos la manera en que nos hizo, tanto exteriormente como en nuestro interior: cuerpo, alma y espíritu. Ahora bien, no estoy diciendo que no tengamos que mirar y admirar los atributos positivos de otras personas. Muchas veces podemos utilizar sus buenas cualidades como modelos para reformar las nuestras. Pero tratar de imitar la personalidad de otro no es lo que a Dios le gustaría que hiciéramos.

Él te hizo como eres por una razón. No existe otra persona como tú en la faz de la tierra, y Dios está realmente contento por eso. El Salmo 139:13 dice: "Tú creaste mis entrañas; me formaste en el vientre de mi madre". Antes de que tú siquiera hubieras nacido, Dios sabía exactamente lo que estaba haciendo contigo. Él sabía cómo sería tu apariencia física y tu interior. Si eres una persona tranquila a quien no le gusta ser el centro de atención, pues celebra quién eres. No te sientas menos por no ser siempre el centro de la atención. Entre tanto, aplaude a los que sí lo son y admíralos por ser la clase de personas que Dios ha hecho.

A lo mejor seas como yo: el alma de la fiesta. Siempre tienes que estar metida en todo. Y siempre que tienes algo para decir, lo dices. Yo quería ser como las chicas tranquilas y mansas que no intimidan a los demás con su impetuosidad. No obstante, tengo que reconocer que Dios me dio esta personalidad por algún motivo.

Del mismo modo, hay algo que Él quiere que hagas con esa personalidad tuya que quizás no harías si no tuvieras esas características únicas. Bajo el control del Espíritu Santo, tu personalidad puede ser usada tal cual es para que puedas hacer lo que Dios quiere que hagas. ¡No quieras ser otra persona! ¡Dios te conocía desde antes que nacieras y estaba entusiasmado por enviarte al mundo!

El objetivo del diablo es hacernos olvidar que Dios nos hizo con un propósito. Él sabe que si estamos demasiado concentrados en nuestras debilidades, nunca llegaremos a usar nuestras fortalezas para el reino de Dios. Sabe que si nos ahogamos en la autocompasión, jamás nos levantaremos para proclamar alabanzas a Dios. Sabe que si todo el tiempo estamos envidiando a los demás, nunca aprenderemos a amarlos con el amor de Cristo. El diablo está en guerra contra Dios y está desesperado por ganar. Ya perdió la primera batalla con la resurrección de Cristo. Ahora hará todo lo posible para lograr que nos rebelemos contra Dios como lo hizo él.

Satanás era un ángel antes de rebelarse contra Dios. Era una de las posesiones más preciadas para Dios. No había otro ángel como él en el cielo. Era asombroso. Desgraciadamente, se tomó demasiado en serio su belleza y decidió que recorrería su propio camino. Desde luego que este fue un gran error porque cuando Dios conduce el espectáculo, uno no puede hacer la suya. De manera que Satanás fue expulsado del cielo junto con los demás ángeles que quisieron seguirlo. Hoy en día es conocido como "el príncipe de este mundo" (Juan 12:31). Satanás vive aquí, y nosotros también. Dios nos creó con el específico fin de glorificarse a sí mismo y demostrarle al diablo quién tiene el control.

Salmo 8:4-6 (RVR60) dice: "'¿Qué es el hombre para que tengas de él memoria, y el hijo del hombre, para que lo visites?'. Lo has hecho poco menor que los ángeles, y lo coronaste de gloria y de honra. Lo hiciste señorear sobre las obras de tus manos; todo lo pusiste debajo de sus pies".

Si Satanás es un ángel y nosotros fuimos creados un poco menor que los ángeles, Dios está usando lo menor para combatir a lo mayor en su propio territorio. Dios nos está usando para hacerle saber al diablo que aun estos seres débiles, hasta inferiores, pueden vencerlo todo cuando se someten al Dios santo.

Michael Jordan es un jugador de básquetbol sumamente talentoso que ha ganado millones de dólares como protagonista de comerciales y como estrella de cine. Antes de retirarse, este hombre se convirtió en el jugador más grande de todos los tiempos en este deporte. A menudo le consultaban su opinión sobre los nuevos jugadores que ingresaban a la liga. En una temporada, dos jugadores competían por un puesto en el equipo de los Chicago Bulls. Uno de ellos era un jugador maravilloso, de gran destreza y lleno de habilidades; el otro era menos talentoso pero mucho más disciplinado. El segundo jugador se había esforzado mucho para afinar su técnica porque no tenía por naturaleza talento atlético.

Otra diferencia importante y notable entre ambos jugadores era que el talentoso se mostraba arrogante y engreído, mientras que el otro muchacho tenía la habilidad de jugar en equipo y una actitud humilde y optimista. Cuando le preguntaron qué jugador preferiría tener en el equipo, Jordan respondió que, aunque el jugador talentoso seguramente aportaría buena técnica al equipo, él prefería mucho más el jugador con menos habilidad pero más dedicado, y con una actitud que se adecuara más al equipo de los Bulls.

Imaginemos por un momento que tú y yo estamos jugando un partido de básquetbol contra el diablo. Satanás tiene la habilidad, el talento y el poder suficiente como para aplastarnos, pero no tiene todo lo necesario. Nosotras tenemos menos habilidades, y por cierto no somos tan poderosas como él, pero tenemos al Entrenador adecuado de nuestro lado. Nuestras actitudes tienen que estar enfocadas en Dios. Debemos estar decididas a perfeccionar nuestras habilidades, y reconocer a Dios en todos nuestros caminos (Proverbios 3:5-6) en lugar de depender de nuestro entendimiento. Él nos ha escogido para su equipo, ¡y por eso estamos en camino a una victoria segura!

$\mathcal{L}$A ELABORACIÓN DE UNA PERLA

Tenemos que descansar en la certeza de que Dios está de nuestro lado. Más aún: Él está por nosotros y le interesa obrar a través de nosotros. El Rey todopoderoso del universo nos ama tanto como para usarnos como instrumentos para pelear sus batallas. Está de pie como nuestro Señor y Líder y nos usa como sus manos y sus pies para proclamarle al diablo y al mundo agonizante, que Él tiene el control. Dios debe apreciarnos enormemente para querer usarnos de este modo, porque en realidad no nos necesita. No importa qué circunstancias te toquen vivir, buenas o malas, recuerda que Dios está usándote en cada situación para servirlo y lograr grandes cosas para su reino.

La Palabra de Dios dice que Él nos ha concedido todas las cosas que necesitamos para vivir (2 Pedro 1:3). Todo lo que necesitas para ser lo que Dios te ha llamado a ser, te fue otorgado antes de que nacieras. Y quieras o no, eres una mujer capaz, que ha recibido poder para lograr aquellas cosas que Dios tiene previstas para ti. Si quedaste embarazada a los seis meses de estar casada, recuerda que Dios te ha dado todo lo necesario para ser una excelente madre. Si estabas segura de ir camino hacia una increíble carrera en política, en abogacía, como actriz o como cantante, y ahora eres ama de casa con tres hijos y un esposo, recuerda que Dios te conocía desde antes que hubieras nacido. Donde quiera que estés, Él te ha dado todo lo que necesitas para estar allí.

Sea cual fuere tu experiencia, a Dios no lo toma por sorpresa tu vida. No se ha olvidado de darte las capacidades, los dones, la paciencia y los talentos que necesitarás para triunfar en el lugar donde estés. Antes de que nacieras, Él te conoció, te consagró y te apartó (Jeremías 1:5-6). Antes de la fundación del mundo, Dios sabía quién serías, en qué te convertirías y todo lo que necesitarías para servirlo en ese lugar.

A veces las tragedias de la vida parecen atrozmente injustas. Quizás hayas tenido lo que consideras una vida trágica, y ahora te enteras de que te has quedado sin trabajo. O que tu esposo te engaña. O que tu hijo consume drogas. O que tienes cáncer.

¿No has sufrido ya lo suficiente? ¡Y ahora tienen que sacarte un pecho y tienes que pasar por los terribles efectos secundarios que a menudo acarrea la quimioterapia! Hermana, nada de lo que te sucede es una sorpresa para el Padre. Él te ama y preparó para ti este preciso momento y esta precisa situación. No dejes que te aplaste. Perteneces a la realeza y gobiernas tus circunstancias.

La ostra es una criatura marina. En algún momento de su vida, una sustancia extraña puede quedar atrapada dentro de ella y permanecer allí por un largo período. Esta sustancia puede ser un pequeño grano de arena, pero al quedar atrapado, sucede lo inexplicable. La ostra segrega una fina capa de una sustancia llamada nácar que rodea al objeto extraño. Dentro de esta fina capa, el objeto empieza a cambiar y muta su forma hasta dejar de ser un insignificante grano de arena y convertirse en una hermosa perla, brillante y costosa. Lo ordinario se vuelve extraordinario.

Como ese grano de arena, tal vez tú y yo seamos bastante comunes, pero a menudo Dios usa algo doloroso y no deseado para transformarnos en algo extraordinario y hermoso para siempre. Cuando las circunstancias desagradables invaden nuestra vida, nuestra tarea es envolvernos en la Palabra de Dios, que está llena de una sustancia que nos modificará por completo y nos transformará en las perlas que fuimos destinadas a ser.

Lamentablemente, muchas de nosotras nos negamos a aceptar donde estamos o lo que estamos enfrentando. Pero cuando entiendes que Cristo te conocía desde antes de la fundación del mundo, entonces también sabes que para cualquier cosa con la cual tengas que luchar en este momento te ha sido entregada la fuerza interior necesaria para sobrevivir. ¿Eres soltera? Permanece firme y completa en tu soltería; has recibido la gracia para ser soltera. ¿Eres casada? Conténtate con tu compañero, incluso si te vuelve loca. Si eres rica o pobre, exitosa o tienes que esmerarte, joven o anciana, tu vida es un regalo de Dios, y te ha dado lo necesario para que florezcas en ella.

$\mathcal{E}$L PRIVILEGIO DE SUFRIR

Cuando estuve en el seminario, conocí a Eric y a Yvette Mason y llegué a quererlos de todo corazón. Estaba allí cuando Eric cortejó a Yvette y creyó en lo que la Palabra de Dios decía en relación a ella. También presencié el compromiso y todo el interesante proceso que siguió durante ese período. La relación que tuve con ellos influyó de manera maravillosa en mi vida.

Poco después de que se casaran en diciembre de 1997, Yvette empezó a padecer algunas dificultades físicas. Siempre había sufrido una enfermedad hepática, pero después de casarse sus problemas se incrementaron. De repente, estos recién casados tuvieron que ir al hospital en varias ocasiones. Se vieron agobiados por cuentas médicas y, como eran seminaristas, no veían otra manera de pagarlas que no fuera por un milagro de Dios.

Cuando hablaba con Eric, a quien consideraba como mi hermano, él compartía conmigo parte del dolor que le causaba esta prueba. Puedo recordar claramente sus palabras: "¡Estamos viviendo cosas que la mayoría de las personas no experimentan, y si lo hacen, sucede después de 25 años de casados!" Mi hermano en Cristo ama a su esposa y agradece su relación. Sabe que, a pesar de las dificultades, es allí donde debe estar. Traté de animarlo, esperando que comprendiera que Dios lo había puesto en una posición privilegiada.

Otros hombres abandonarían a sus esposas en una situación como esta. ¡Qué privilegio que Dios haya elegido usar a Eric para mostrar al mundo un hombre que ama a su esposa como Cristo ama a la iglesia! Muchos hombres no hubieran podido soportar el estrés y, precisamente por ese motivo, esos hombres no tuvieron a Yvette. Aun antes que Eric e Yvette nacieran, Dios sabía qué ocurriría en sus vidas. Este problema no lo sorprendió. Dios decidió que existía un servidor suyo a quien le concedería el privilegio de casarse con Yvette. Ese siervo era Eric, que fue apartado y preparado para la tarea desde antes de la fundación del mundo. El libro de los Hechos nos relata la historia de hombres que fueron perseguidos por su fe en Cristo y por su disposición para servirlo. Cuando Pedro fue castigado cruelmente por lo que creía y predicaba, dijo que se marchaba regocijándose por haber sido considerado digno de ser azotado por el nombre de Cristo (Hechos 5:41). ¿No es asombroso?

Tú y yo nos enojamos ante la mínima molestia que tengamos que sufrir por cualquier motivo. Sin embargo, estos hombres sentían un gran gozo al saber que Dios los había considerado dignos de ese desafío. Entendían algo que muchos de nosotros olvidamos. Sabían que cualquiera fuera su circunstancia, Dios les había dado los recursos internos y externos para sobrellevarla. Su autoestima no sufría daño por lo que les tocara vivir. No se sentían víctimas. No le echaban la culpa a Dios. En lugar de eso, se regocijaban en que el Señor les hubiera permitido compartir sus sufrimientos, y porque Él había predestinado esa situación para sus vidas.

Dios te ama en gran manera. Gálatas 4:7 dice que tú eres una hija de Dios y una heredera al trono. Él hizo algo más que buscarte y reivindicarte. Tal como lo hizo por Jerusalén, te puso en un lugar mucho más destacado que cualquier otra cosa que hubieras podido imaginar o intentar por tu cuenta. Él te "llamó de las tinieblas a su luz admirable", y solo por esta razón, eres santa, "linaje escogido, real sacerdocio" (1 Pedro 2:9).

¿Te has convencido de que perteneces a la realeza? Como hija del Rey, eres una princesa, con una distinguida posición en su corte real. Eres coheredera a las riquezas de Jesucristo y su sangre real corre por tus venas. Por favor, recuerda mantener en alto tu cabeza, porque has sido promovida a la realeza. *¡Recuerda quién eres!*

Piensa en lo siguiente

✠

¿Realmente crees lo que dice la Biblia de ti?

✠

¿Te aseguras de que los demás te traten de una manera acorde con la Biblia?

✠

¿Cuánto te interesa parecerte y actuar como los demás?

✠

¿Estás satisfecha con la forma en que Dios te hizo?

✠

Si pudieras cambiar algo de ti, ¿por dónde empezarías?

✠

¿Cuáles son los medios por los cuales Dios está usándote para lograr sus propósitos?

✠

¿Qué desafíos estás afrontando en este momento?
¿De qué manera has sido equipada para enfrentar estos desafíos?

✠

Dios te ha librado de…

✠

Él te ha ascendido a la realeza dándote…

Oración
de entrega

Dios, hoy yo _____ ,
*tomo la decisión de creer que tu Palabra dice la verdad en cuanto a quien soy.
Sé que estoy en tus manos y que me amas tanto que moriste por mí. Te alabo y te adoro porque, aun antes de que naciera, tú me conocías, me amabas y me preparaste para cualquier cosa que se me presentara en el camino. Te exalto porque soy una mujer hermosa que ha sido creada con un propósito. Hoy decido vivir una vida que honre la posición de realeza que me entregaste como un regalo precioso. Puesto que soy pecadora, y en mi vida han sucedido cosas que no te glorifican, reconozco que necesito tu ayuda para verme como tú me ves.*
Yo, _____ , *reclamaré tus promesas a cada momento del día, mientras procuro fortalecerme en ti. Confío y creo en ti y aprenderé a hacerlo cada vez más. Gracias por ser quien eres y por lo que has hecho por mí.*

En el nombre de Jesús, amén.

Fecha de hoy:

_____

Capítulo 3

Para un momento como este

Dios ve a cada mujer de su reino como una joya valiosa y preciosa. Cuando no recordamos quiénes somos, le causamos un perjuicio a Él y a su corte real. Las mujeres que se olvidan de su posición real crean una barrera invisible entre ellas y el potencial que Cristo las ha llamado a alcanzar. Si no reconocemos que somos valiosas y que valemos más que las joyas más finas, esto se notará inevitablemente en nuestra manera de vestir, en nuestra actitud y en todo lo que hagamos.

Cuando Dios creó a la mujer, se tomó tiempo para estar seguro de que fuéramos las criaturas maravillosas que Él había pensado. Desde el comienzo mismo, ha sido evidente su interés especial en las mujeres. Dios nos "dio forma" cuidadosamente, y deberíamos estar orgullosas de ser una parte tan especial de su creación. Si el Amo del universo estaba complacido cuando terminó de crearnos, ¿por qué no habríamos de estar contentas nosotras?

En nuestra vida hay tres áreas que demuestran la manera en que nos vemos a nosotras mismas, y estas determinarán cómo nos ven los demás. Me refiero al aspecto físico, al mental y al espiritual. En su Palabra, Dios habla de cada uno, por lo tanto puedes tener la certeza de que Él tenía la intención de que también nosotras nos interesáramos por ellos. Nuestro Creador quiere que seamos gemas bien pulidas, dispuestas a tomar la responsabilidad de las distintas facetas por las que Él se tomó el tiempo y el esfuerzo de crear, afinar y pulir.

Desde luego, si prestamos demasiada atención a un aspecto y escasa atención a otro, nos desequilibramos y no nos pulimos bien. En el libro "Cómo hallar el amor de tu vida" (Edit. Unilit), Neil Clark Warren nos da una perspectiva de lo que significa ser una mujer plenamente desarrollada y equilibrada. Señala: "Tu atractivo depende de la suma total de tus características. Tus fortalezas pueden equilibrar tus debilidades. Un buen puntaje en "perso-nalidad" puede compensar un puntaje inferior en otra característica como el "buen parecer". El secreto es maximizar tus fortalezas y minimizar tus debilidades. Tenemos que trabajar para desarrollarnos como mujeres completas, dando lo máximo como mujeres diseñadas por Dios.

*A*DECUADA PARA SER UNA REINA

Como probablemente sepas, en el capítulo 31 del libro de Proverbios hay una elocuente descripción de una mujer de excelencia. Esta mujer provee un modelo que cada hija del Rey debería esforzarse por alcanzar. La Palabra de Dios dice que cuando somos mujeres de excelen-cia valemos mucho más que las "piedras preciosas" (RVR60). Ese debe ser nuestro objetivo.

La mayoría de las cualidades de Proverbios 31 entran en las tres áreas o aspectos más importantes de la vida de una mujer: físico, mental y espiritual. En lo físico: "decidida se ciñe la cintura y se apresta para el trabajo" (v. 17). Mentalmente, "calcula el valor de un campo y lo compra; con sus ganancias planta un viñedo" (v. 16), y "cuando habla, lo hace con sabi-duría" (v. 26). Espiritualmente, "la mujer que teme al SEÑOR es digna de alabanza" (v. 30). La asombrosa mujer descripta en Proverbios 31 es una mujer de excelencia.

La reina Ester es otra fascinante mujer de la Biblia. Tal vez conozcas la historia: Ester era una mujer de excelencia que dio sus mejores dones para servir al Señor, sin preocuparse por lo que Él le pidiera. Tuvo grandes desafíos en su vida, pero estaba capacitada para hacer la volun-tad de Dios. Estaba preparada, como leemos en Ester 4:14, "para un momento como éste".

Al igual que Ester, tú y yo hemos sido puestas en un escenario personal. No importa cuán maravillosas o terribles sean nuestras circunstancias, estamos en medio de ellas por una razón. Dios ha diseñado estratégicamente nuestra vida para que contribuyamos de una mane-ra concreta con lo que sucede a nuestro alrededor. Dios nos ha llamado a cada una "para un momento como este". Como Ester, tenemos dones de Dios que nos prepararán para el futuro.

$\mathcal{M}$ARAVILLOSAMENTE CREADA: NUESTRO ASPECTO FÍSICO

Aunque nuestra apariencia física es importantísima, es la menos relevante de las tres áreas clave de nuestra vida. Proverbios 31:30 dice: "Engañoso es el encanto y pasajera la belleza". Sin embargo, la apariencia física es primordial para la manera en que nos vemos y que los demás nos ven.

Tal vez haya algunas cosas que odias de tu apariencia física. Yo tengo una nariz demasiado chata. ¡En serio, es plana! Cuando nací, mi madre intentó moldearla para que yo tuviera un poco más de un puente. Sus esfuerzos funcionaron un poquito, pero todavía tengo la nariz bastante chata. Eso fue siempre motivo de preocupación para mí mientras crecía. Odiaba no poder cambiar mi nariz. Cuando era pequeñita me ponía broches de la ropa en el intento de hacerla más puntiaguda. Desde luego, fue inútil.

Cuando estaba en la secundaria, seguía obsesionada con mi nariz chata. Un día, una muchachito se acercó a mí cuando estábamos rodeados de gente y me dijo en voz alta: "¡Priscilla, parece como si alguien te hubiese dado un golpe en la nariz y ahí te quedó!" Todos se rieron, incluso yo, pero no me pareció particularmente gracioso. Su comentario hirió mis sentimientos porque yo era sensible en extremo respecto a esa parte de mi cuerpo.

Probablemente haya algo de tu cuerpo que, si pudieras, lo cambiarías. ¡Y en este mundo actual, puedes! ¿No es genial? Puedes ir a un cirujano a que te levante los pómulos, te esculpa la nariz, te rellene los labios o te afine las caderas. Si tienes suficiente dinero, te puedes reestructurar por completo para verte como la hermosa mujer que siempre has querido ser. Una idea genial, ¿no? ¿Pero lo es?

¿Alguna vez has tenido en cuenta qué insultante es para Dios que quieras cambiar algo que Él ha formado con sus propias manos? Tú eres única por una razón. Dios hizo tus ojos de esa forma con un propósito específico. Hizo mi nariz así por una razón. Él decidió hacer tan anchas tus caderas o darte esos labios finos para sus propios objetivos. Él quiso que tu cabello fuera grueso y lacio o largo y rizado. Te diseñó de la forma que quiso que fueras. El mundo no necesita otra Heather Locklear ni otra Pamela Anderson Lee. El mundo nos necesita a ti y a mí, tal como Dios nos hizo.

Cuando Dios me hizo y me entregó en manos de Tony y Lois Evans, sabía que yo heredaría la nariz de mi papá y los pómulos altos de mi mamá. Con frecuencia he deseado las piernas delgadas y elegantes que tienen las mujeres de las películas, pero no son las que Dios me dio. Y Él quiere que esté contenta con lo que soy.

Neil Clark Warren dice que alcanzar todo nuestro potencial es algo que "se logra mejor cuando empiezas con una profunda comprensión de que eres totalmente amada así tal como eres. Si tu búsqueda de la excelencia nace de tu aprecio por la forma en que fuiste creada, crecerás rápidamente. Pero si piensas que debes ser diferente para que te amen, aumentará tu ansiedad y avanzarás menos. ¡Eres adorable! Y *puedes* obtener más del potencial que tienes". (*Cómo hallar el amor de tu vida*).

Mi amiga Julie odiaba tanto su nariz como yo la mía. Siempre le hacían bromas por su anchura. También tenía otro problema: su cabello era corto y grueso, y los que la rodeaban lo consideraban desagradable. Ella quería tener un cabello largo y fino que se moviera con el viento, y probó con todo tipo de productos para cambiar la textura de su pelo. Como era de esperar, no logró solucionar el problema.

Durante los años que estaba en la universidad, esta jovencita fue a Australia en un viaje misionero, donde tuvo que trabajar con una pequeña tribu. Su objetivo era evangelizarlos y llevarlos al Señor. Apenas pisó el campamento, se sorprendió. Miró a su alrededor y no tardó mucho en darse cuenta de que las aldeanas tenían la misma apariencia que ella o, para ser más precisos, ella se parecía a las aldeanas.

Los miembros de la tribu la miraban y le sonreían. En seguida, los niños la adoptaron y les encantaba jugar con ella. Las mujeres querían que les enseñara a coser y le preguntaban cómo cocinar de la manera que ella lo hacía. ¿Por qué esta mujer fue capaz de servir a esas personas con tanta efectividad? Porque se parecía a ellos.

La gente de la tribu había ignorado o se había burlado de los otros misioneros occidentales, pero fueron inmensamente atraídos por esta jovencita. ¡Era como ellos! Antes de que el mundo fuera formado, Dios sabía que sería necesario que ella cumpliera sus propósitos en ese lugar y en ese momento. Y las cosas que ella más odiaba, fueron las que más necesitó.

Desde luego, hay cosas que podemos hacer para volvernos más atractivas (usar maquillaje, pintarnos las uñas, depilarnos las cejas). Pero los tratamientos de belleza solamente deberían realizarse con el propósito de sacar el mayor provecho de lo que Dios ya ha hecho, no de cambiarlo.

He participado en ocho concursos de belleza, y me sorprende lo que sucede entre bastidores. No te puedes imaginar la cantidad de trucos que las participantes veteranas han ideado para lucir mejor. He visto que se untan lociones de bronceado instantáneo para evitar verse tan blancas, y tienen asombrosos trucos de maquillaje para afinar el rostro o las caderas. Muchas concursantes envuelven ajustadamente su abdomen con una cinta adhesiva protectora o aislante para aparentar que su cintura es súper delgada.

En el último concurso que participé, me pareció que yo también tenía que ser una concursante ingeniosa. Por lo tanto, me envolví con cinta adhesiva. La apreté tanto como pude para que mi cintura pareciera más pequeña. Funcionó, pero cuando tuve que salir para la pasada en traje de baño, me di cuenta de que todos podrían ver la cinta en mi espalda. ¡Entré en pánico! No hay nada como ver a una mujer en traje de baño, con una cinta adhesiva en la espalda.

Durante los concursos, hay muy poco tiempo entre cada pasada. Prácticamente tienes que matarte para estar lista y salir a la pasarela en el momento que te llaman. Cuando descubrí que todos verían la cinta en mi espalda, tuve que bajarme el traje de baño y quitármela. No tuve en cuenta lo doloroso que eso podía ser. ¡Ay! Nunca me había dado cuenta que tengo pequeños bellos a la altura de la zona lumbar. Bueno, tenía bellos allí, ya no los tengo. Cuando me arranqué la cinta, experimenté el dolor más intenso que jamás había sufrido.

Fue terrible, pero tenía que apurarme para no perder mi turno en el concurso en trajes de baño. Tenía que desenvolverme la cinta una y otra vez, y pensé que el dolor nunca acabaría. Terminé justo en el momento que escuché que el presentador decía: "Y la siguiente concursante es la número siete, Priscilla Evans". Fingí una sonrisa y salí, conteniendo con valentía las lágrimas.

No es necesario decir que jamás volví a intentarlo. Terminé ganando ese concurso, pero fue el último, y el asunto de la cinta probablemente sea el motivo. Lo que quiero decir es que las mujeres deberían tratar de embellecerse realzando lo que Dios ha hecho, en lugar de tratar de cambiarlo. Hay algunas cosas que no puedes cambiar, pero muchas más que sí puedes.

¿Cuántas veces te miraste al espejo y dijiste: "Tengo que bajar de peso"? ¡Luego sales con tus amigas y ordenas todo lo que hay en el menú! Yo soy culpable de cosas así. Hacer lo mejor con lo que Dios nos ha dado, es importante, y demanda tiempo y energía. De acuerdo, no te puedes hacer más alta, pero puedes hacer lo mejor con tu metro cincuenta (cinco pies). A lo mejor tu silueta tenga la forma de una pera, pero de todas maneras, ¿quién dice que eso sea malo? Y siempre puedes hacer lo mejor por esa forma y usar ropa que te favorezca.

Tomarte el tiempo y la energía necesarios para mejorar tu cuerpo puede ser demasiado exigente y dificultoso. Pero vale la pena el esfuerzo que hagas. Sin embargo, no debes permitir que esto domine tu vida, pero definitivamente es uno de los tres factores que te convertirán en una mujer distinguida. Descubre cuál sería tu peso ideal y empieza a comer bien y hacer gimnasia. Olvídate de esas dietas que te cuestan un ojo de la cara. Si eres como yo, de todas maneras tampoco podrás pagarlas.

La gente me mira hoy y cree que nunca he tenido que luchar con mi peso. Piensan que me veo bien y que estar en forma es algo que me viene de familia. Cariño, tuve que trabajar *duro*. Cuando me gradué en la universidad, descubrí que tenía 14 kilos (30 libras) más que cuando había ingresado. Tuve que mentalizarme que nunca recuperaría el peso que tenía antes de ingresar, porque a medida que envejecemos nuestro peso normal cambia, pero al menos debía bajar algunos kilos. Bueno, es cierto, un poco más que algunos.

El peso es un gran problema y muchas mujeres se ven acosadas por este tema. Sin embargo, el Señor está mostrándome, de manera lenta pero firme, que mis preocupaciones por el peso no son un mero problema físico. Al menos una parte del problema es espiritual. Mi lucha contra el peso me ha enseñado dos cosas importantísimas sobre mi relación con el Señor.

La primera es que una continua lucha contra el sobrepeso, si no es por algún motivo de salud, es señal directa de no habernos sometido completamente al Señor. La mujer que siempre está luchando contra su peso debido a la falta de control en su manera de comer, también tendrá luchas contra otros problemas de autocontrol, como la inmoralidad y el enojo. No se trata solo de nuestro peso. Se trata de no dejar que el Señor sea Señor de nuestro cuerpo.

Por esta razón, nuestro cuerpo podría convertirse en un reflejo negativo del poder de Dios para hacer cosas magníficas en las vidas de sus hijas. ¿Cómo podemos servir a los drogadictos y desafiarlos a ser libres de las drogas cuando nosotras no podemos controlar nuestra adicción a la comida? Es fundamental que le permitamos a Dios tomar el control de nuestra vida en esa área. Y la única manera que tenemos de iniciar este proceso es mediante la oración. Debemos pedirle a Dios que nos perdone por nuestra arrogancia y por suponer que Él no puede controlar nuestro peso. Invitemos al Dios en el cual confiamos y que gobierna nuestra vida, a que también gobierne nuestro cuerpo.

En segundo lugar, aprendí que una continua lucha con el peso representa una constante lucha con la escasa autoestima. He conocido mujeres a las que toda la vida les dijeron que no valían nada. Han llegado a creer que no tienen ningún valor, y por eso de verdad creen que es una pérdida de tiempo hacer el esfuerzo por bajar de peso. El problema es que permiten que la opinión de los demás anule lo que el Señor y Amo del universo opina de ellas. ¿Cómo nos atrevemos a hacer que las palabras de otros sean tan poderosas que invaliden la Palabra de nuestro Padre?

Bajar de peso no es el único problema físico que enfrentan las mujeres. Algunas necesitan aumentar de peso para estar más sanas. Algunas necesitan hacer cambios en su manera de vestir. Otras necesitan con urgencia algún consejo sobre el maquillaje y el cabello. Estoy segura de que has tropezado con mujeres cuyo maquillaje y cabello eran tan desagradables que te preguntas por qué no pueden darse cuenta. Bueno, antes de que te pongas demasiado crítica, asegúrate de que tu maquillaje y tu cabello te favorezcan y no escondan la verdadera belleza con la que Dios te ha bendecido.

La belleza de la reina Ester fue exhibida en el lugar correcto, en el momento adecuado. El rey había dejado cesante, por así decirlo, a su esposa Vasti, y ahora estaba en busca de una mujer más bonita que ella. Vasti era preciosa, tan imponente, que durante una fiesta que él estaba dando, les había ordenado a sus sirvientes que "llevaran a su presencia a la reina, ceñida con la corona real, a fin de exhibir su belleza ante los pueblos y sus dignatarios, pues realmente era muy hermosa" (Ester 1:11).

El rey era un marido orgulloso que quería lucir a su mujer ante sus amigotes. Pero la reina se negó a salir y al rey le aconsejaron deshacerse de ella para que no fuera un mal ejemplo para las otras mujeres del país. Entonces el rey hizo lo que se podría considerar un concurso de belleza para encontrar a la nueva reina. En el instante que puso sus ojos en Ester, quedó hipnotizado por ella y la eligió por su impactante belleza para que gobernara con él.

Entre todas las mujeres que competían, Ester halló el favor ante los ojos del rey. Solamente había pasado un año embelleciéndose, y ahora estaba frente a él y lo conquistó por lo sensacional que se veía. Ella creía en sí misma y sabía que había sido preparada con recelo y prodigio para un momento como este.

Un cuerpo sano no tiene valor eterno, pero es una parte importante y necesaria para ser una mujer de distinción. Dios utiliza nuestro cuerpo como herramienta para llevar a cabo su voluntad en la tierra. Además, debe ser cuidado tanto como sea posible, para poder usarlo con efectividad en el servicio a los demás. Algunas mujeres luchan con discapacidades, y otras con enfermedades deformantes. Algunas, como la jovencita que fue a Australia, son atractivas para una cultura y no para otra. Pero todas tenemos que hacer lo mejor posible con lo que tenemos. Dios quiere que cuides con esmero la belleza que te ha dado. De algo puedes estar segura: ante sus ojos eres preciosa.

Lo cierto es que la mayoría dedicamos mucho tiempo y atención al aspecto exterior de la persona y mucho menos a lo más importante. La Biblia lo dice de este modo: "pues aunque el ejercicio físico trae algún provecho, la piedad es útil para todo" (1 Timoteo 4:8). Ester captó la atención de su esposo mediante su buen parecer, pero estoy segura de que *mantuvo* su atención gracias a un espíritu dulce. Cuando se dirigió a él para implorarle piedad por su pueblo, es probable que él no haya estado enamorado de ella solo por su apariencia física, sino también por su amabilidad y su deseo por salvar al pueblo al que ella pertenecía. Ester era tierna y valiente y tenía un espíritu dulce. Cuando Dios te creó, tenía muchas cosas en mente. Sin embargo, lo más importante que tenía reservado para ti es que lo glorificaras. Quiere que tengas una relación floreciente con Él, que no tengas trabas por el pecado. Dios quiere que nos acerquemos a Él y permitamos que nuestro cuerpo, mente y espíritu florezcan en su presencia. La única manera de darnos cuenta de nuestra verdadera belleza es dejar que el Padre habite en nosotros y ocupe una gran parte de nuestra vida y de nuestro diario existir. Mientras crecemos en Él, nos enseña a respetar nuestro cuerpo y a ser buenas administradoras de la inteligencia que nos ha dado.

*L*A MENTE DE CRISTO: NUESTROS ATRIBUTOS MENTALES

Cuando escucho decir: "Es imperdonable desperdiciar la mente", pienso que tienen razón. La mente es una creación extraordinaria. Dios nos ha equipado para utilizar la plenitud de su potencial, aunque a menudo no la usamos para nada. Reducimos su importancia en nuestra vida dejándola de lado. Muchas de nosotras hemos ido a la secundaria y a la universidad, y tal vez hasta tengamos un máster o un doctorado, pero no quiere decir que de veras hayamos usado nuestra mente.

Mi hermana Chrystal es una mujer brillante. Es una persona astuta y le encanta dominar todo lo que se le ponga por delante. Puedo recordarla utilizando su mente siempre a su máxima capacidad. Cuando éramos niñas, nuestros objetivos de vida eran completamente diferentes. Ella se la pasaba estudiando para asegurarse unas notas espectaculares. Cuando yo estudiaba, era porque mamá o papá me obligaban. Ahora bien, tengo que ser sincera contigo: puedo recordar muchas clases que he cursado, antes y después de obtener mi postgrado, en las que saqué notas altas, y aun así no usé mi mente. No me enorgullece admitirlo, pero es la pura verdad.

En realidad, mi objetivo no era saberlo todo, solamente quería aprobar los exámenes. Tengo una memoria increíble, así que podía memorizar respuestas hasta quedar bizca. Hacía un trabajo estupendo en el examen, orgullosa de poder llevar a casa una excelente nota para mostrar a mis padres. Pero déjame que te diga: rogaba no tener que recurrir nunca más a esa información. Una vez que concluía ese examen, me olvidaba todo.

Por su parte, Chrystal conocía perfectamente la información y ejercitaba cada músculo de su cerebro. Hasta el día de hoy, ella es el genio de la familia, y podemos estar seguros de que realmente conoce el tema y es capaz de aprovechar ese conocimiento. La Biblia dice que estudiemos para mostrarnos aprobados delante de Dios (2 Timoteo 2:15).

Para ser mujeres de excelencia, tenemos que estar seguras de que somos lo mejor que podemos ser. Eso significa que debemos usar nuestra mente con diligencia, y asegurarnos de aprender constantemente. No tienes que ser licenciada en algo para ser una mujer inteligente. Conozco mujeres que tienen un doctorado, pero poseen menos sentido común que otras no tan conocidas por sus logros académicos. Las mujeres en verdad inteligentes son las que siguen edificándose mentalmente, en lugar de permitir que todo ese glorioso tejido cerebral se desaproveche. Dios te ha bendecido con él, así que ¿por qué no usarlo? Las estadísticas indican que la mayoría de las personas solo utilizan el 10% de su capacidad mental. ¿Qué cosas gloriosas podríamos lograr si realmente comenzáramos a usar el otro 90%?

Una de mis películas favoritas es *Phenomenon*, protagonizada por John Travolta. El personaje de Travolta está afectado por una extraña condición que le permite hacer determinadas cosas que los humanos normales no pueden hacer. Mueve objetos con solo mirarlos, los rompe con la mente y siente el movimiento del planeta sobre su eje estando de pie en el patio de su casa. Es un prodigio y un fenómeno para todos los que tienen contacto con él.

Lamentablemente, la explicación de sus poderes recién descubiertos es un tumor que se le ha extendido a todo el cerebro. Las ramificaciones hacen que acceda a diferentes partes del cerebro que las personas normales no tienen la capacidad de utilizar. Los médicos le dicen que en realidad él no está haciendo nada sobrenatural, sino usando toda la capacidad mental que posee.

La película hizo que me preguntara qué seríamos capaces de lograr si tan solo utilizáramos el enorme porcentaje de nuestra mente que nunca parecemos tomarnos el tiempo para desarrollar. Me pregunto si cambiaríamos el enfoque y nos daríamos cuenta de que nuestros estudios son para "[presentarse] a Dios aprobado" (RVR60) y si nos tomaríamos más seriamente el uso de uno de los mejores regalos que nos han hecho.

He tenido el privilegio de trabajar con Zig Ziglar durante los últimos tres años. Es un hombre sorprendente que ama al Señor y se brinda de todo corazón a las personas. Recuerdo la primera vez que lo escuché hablar; él dijo algo inolvidable. Explicó que pasamos mucho tiempo de cada día en nuestros automóviles, yendo a trabajar, volviendo a casa, o llevando a los hijos a alguna parte. Pasamos horas y horas al año esperando en medio del tránsito. ¿Por qué no utilizar parte de ese tiempo para desarrollar nuestra mente?

Ziglar dice que su automóvil es la "universidad móvil". En nuestros días, una mujer puede estudiar una carrera en el auto. Podemos aprender otro idioma o disfrutar de novelas clásicas o perfeccionar nuestras habilidades matemáticas mientras manejamos ida y vuelta a nuestros destinos. En lugar de pasar una infinita cantidad de tiempo escuchando música, ¿por qué no escuchar algo que nos ayude a lograr algún tipo de objetivo?

Una joven mujer se mudó a Dallas sin tener la educación que necesitaba para conseguir el empleo que quería. Una y otra vez era rechazada por su falta de educación formal. Se desanimó y se conformó con un empleo común en Neiman Marcus. Aunque se sentía mal con su puesto, tomó la decisión de que eso no la detendría. Pero aunque no deseaba estar ahí para siempre, no tenía tiempo para cursar una carrera universitaria.

Entonces fue a una librería y compró varias cintas de audio para aprender a hablar en español. Se entusiasmó tanto, que regresó y compró otras cintas para aprender a hablar francés. Luego le dieron ganas de estudiar portugués. En dos años, dominaba por completo los tres idiomas. En la actualidad, trabaja como gerente de ventas internacionales en una de las compañías más grandes de los Estados Unidos.

Todo esto sucedió porque ella se propuso ser alguien en la vida y se tomó en serio seguir cultivando su mente. Cultivar la mente no tiene nada que ver con la secundaria, la universidad o las especializaciones, si bien esas cosas son fantásticas. Me refiero a la decisión de nunca dejar de aprender.

Si decidieras abrir el diccionario y aprender una palabra por día, ¿te imaginas cómo mejorarías tu vocabulario a lo largo de 365 días? Te sentirías mucho más segura al momento de preparar una presentación o de tener una reunión con un futuro jefe. ¡En el mundo hay tanto para aprender! Y como parte de la realeza en el reino de Dios, tú y yo merecemos el esfuerzo.

Cuando yo era niña, cada verano mi padre me daba tareas de lectura. No podía soportarlo. ¡Yo pensaba que merecía un prolongado descanso de la enorme cantidad de estudios (memorización) que había tenido a lo largo del año! Por supuesto, Chrystal leía un millón de libros, uno tras otro, y yo elegía algunas páginas de la tarea en todo el verano. Nos habíamos hecho socios del club de lectores de la Biblioteca de la Sabiduría Polaca, en Dallas, y participábamos de concursos para ver quién había leído más libros. No hace falta decir que yo nunca gané.

La imagen que tengo de mi padre es siempre leyendo. Pasa su tiempo libre estudiando, no solamente en el verano, sino a lo largo de todo el año. Hoy en día, si entras a la casa de mis padres, es probable que veas a Tony Evans sentado a la mesa de la cocina y rodeado de toneladas de libros por todas partes, con la misma libreta amarilla que siempre usa para tomar apuntes. Es un adicto al aprendizaje; cuanta más información, mejor.

Con frecuencia por las noches lo encontrarás acostado en la cama con libros por todas partes, y mi pobre madre mirando el cuarto con disgusto porque los libros y materiales desordenan su hermosa casa. Ella hizo un trato con él: "Puedes leer todo lo que quieras, mientras mantengas el desorden de tu lado de la habitación". Por sobre todo, nuestro padre nos ha inculcado el deseo de aprender. Hasta contagió a mi madre, quien ahora está asistiendo a clases en el Seminario Teológico de Dallas. Papá y mamá siempre quisieron que usáramos nuestra mente en su máxima capacidad, y que llegáramos a ser lo mejor que Dios quiso que fuéramos.

La mujer virtuosa de Proverbios 31 era más que una mujer hermosa: estaba mentalmente preparada para controlar que las cosas estuvieran bien hechas. Usaba su mente para planificar y asegurarse de que su familia estaría bien establecida en la comunidad. Ella "calculaba" el valor de un campo que quería comprar, asegurándose que sería lo mejor para su familia. Tenía un poderoso sentido de los negocios, y *calcular* implica tomarse el tiempo y estudiar todas las opciones antes de tomar la decisión de comprar. Usar la mente.

Ester, como mujer virtuosa que era, también usó su mente para decidir cuál sería el mejor momento para ir ante su esposo a pedirle misericordia para su pueblo. Su decisión para hacer esto fue, en gran parte espiritual, pero también tuvo que ser astuta sobre la forma en cómo lo haría. Tú y yo estamos llamadas a ser inteligentes en nuestros actos. Como la mujer de Proverbios 31 y como Ester debemos confiar en Dios y también usar la mente que Él nos ha dado como herramienta para tomar decisiones sabias. También debemos procurar crecer espiritualmente, para que todos los aspectos de nuestra vida sean controlados por la autoridad de Jesús.

LA VERDADERA DIMENSIÓN DE LA REALEZA: NUESTRA ESPIRITUALIDAD

Para ser mujeres de distinción, nuestra vida espiritual debe ser de máxima prioridad. Es fundamental que no solamente conozcamos al Salvador, sino que además tengamos una relación única con Él. Nadie puede ocupar el lugar de Dios: ni tu esposo, ni tu novio, ni tus hijos, ni tus padres. No importa qué estupendos sean nuestros seres amados, tenemos que aprender que hay ciertas cosas que solo el Dios santo puede hacer por nosotras.

Dios quiere con fervor que sus hijas lo conozcan íntimamente. Quiere que nos acerquemos a Él cuando necesitamos alguien en quién apoyarnos, y anhela ver que al primero al cual acudimos en nuestra necesidad, siempre sea Él. También quiere que cuando no estemos en problemas ni necesitemos nada en absoluto, lo alabemos y adoremos, simplemente por ser quien es. Quiere conocernos y que lo conozcamos. La parte espiritual de nuestra vida es tan importante, que nos ha entregado la vida de su Hijo unigénito para que nosotras pudiéramos experimentar con Él una relación ferviente y sin barreras.

La reina Ester era hermosa e inteligente, pero mucho más importante es que conocía a su Señor y sabía que podía recurrir a Él, sin importar cuáles fueran las circunstancias. Lo que me resulta tan intrigante de esta mujer es que, aun cuando su vida física estaba amenazada, confiaba en que el Dios todopoderoso la cuidaba.

Pienso en los miles de cristianos perseguidos por lo que creen. Viven día a día con el temor de que los maten por su fe, y aun así siguen confiando en Dios, que los ama y se ha entregado a sí mismo por ellos. De la misma forma, Ester confiaba tanto en Dios que aunque temía por su vida, dijo palabras que mostraban su total dependencia de Dios: "¡Y si perezco, que perezca!" (Ester 4:16). Básicamente estaba diciendo: "No mi voluntad, Señor, sino la tuya". Había llegado a la conclusión de que aunque fuera hermosa, su persona física debía pasar a un segundo plano para cumplir con lo que el Padre necesitaba que ella hiciera.

Como mujeres que anhelamos seguir a Jesús y aprender a parecernos a Él cada día más, tenemos que tomar la decisión consciente de crecer en la relación con Dios y conocerlo como a ninguna otra persona. Cuanto más lo conocemos, más aprendemos a confiar en Él. Cuando confiamos en Él, más nos apoyamos en Él. Y cuando nos apoyamos en Él en obediencia, sabe que lo amamos. Nuestro deseo es amar a Dios con todo el corazón, la mente y el alma. Y este amor por Él nos permite darnos cuenta de nuestra realeza.

El área espiritual de nuestra vida debería ser a la que dediquemos más tiempo. Debería ser el epicentro de nuestra existencia. El fruto espiritual que le mostremos al mundo será el resultado del tipo de vida espiritual que cultivemos, así que tenemos que decidir qué tipo de fruto queremos que crezca, y sembrarlo. Si quieres un manzano, no puedes plantar una semilla de pera. Si quieres pureza, no puedes plantar pornografía. Si quieres una planta de duraznos, no puedes sembrar semillas de manzano. Si quieres amabilidad, no puedes plantar rencores. Cualquier tipo de fruto que quieras producir, es necesario que plantes esa semilla en tu espíritu.

Para mantener un espíritu sano y fructífero, debemos tener encuentros cotidianos con el Dios del universo. El diablo siempre está merodeando en el intento de destruir nuestra autoestima, lo cual quiere decir que *siempre* tenemos que estar a la defensiva para protegernos de sus peores intenciones. Para estar preparadas, debemos poseer en nuestro corazón la espada del Espíritu, que es la Palabra de Dios. ¡La única manera de tenerla en nuestro corazón es leyéndola! Comprometámonos a pasar tiempo leyendo la Biblia y orando para que el Señor nos hable directamente a través de su Palabra.

Conocí a mi esposo mientras daba una conferencia en Dallas. Después de un idilio relámpago, finalmente llegó el momento que toda mi familia había deseado ansiosamente. Me propuso matrimonio y se presentó ante mí con el anillo que siempre agradeceré. Pero, ¿no es sorprendente cómo a menudo podemos esperar con ansias cosas que, cuando las obtenemos, nos abruman? Después de mi compromiso, y a medida que el día de la boda se acercaba, yo estaba realmente nerviosa por el gran paso que daría.

Toda la vida había imaginado que este sería un momento de navegación tranquila. Amiga, ¡la que me esperaba! A todos nos pasa eso alguna que otra vez; las vueltas de la vida nos presentan muchas cosas inesperadas. Pero al llegar a estos momentos desafiantes en nuestra vida, es cuando aprendemos más de Dios y nos acercamos a Él.

Dios usó estratégicamente mi ansiedad por el matrimonio para acercarme a Él. Una noche, pocos meses antes de la boda, estaba acostada en la cama y comencé a pensar en los intrincados detalles del matrimonio y en lo abrumador que es entregar tu vida a otra persona. Me eché a llorar al darme cuenta de que estaba muerta de miedo de tener que dar ese paso.

Ahora estoy fascinada de que Dios haya enviado a mi vida a alguien tan maravilloso como Jerry (más adelante te contaré más sobre eso), y de que me diera el privilegio de ilustrar el amor de Dios por la iglesia a través de esta relación. Sin embargo, en ese momento brotaron dentro de mí todos los temores y las dudas que cualquier mujer tiene y, por momentos, hacían estuviera sumamente nerviosa por los votos que estaba a punto de hacer.

Una noche, de rodillas en un cuarto de hotel en Rockport, Illinois, clamé a Dios y volví a entregarle todos mis temores. Puse mi relación con este hombre a los pies de Dios y volví a orar como lo había hecho a lo largo de todo el proceso: "Señor, si no es tu voluntad, ponle fin a esto".

Es exactamente lo que Dios quiere de tu parte y de la mía. Quiere saber que nuestro principal interés es que se haga su voluntad. Mientras las lágrimas caían de mis ojos, podía imaginarme a Dios tomando mi rostro con sus manos y diciendo: "Yo tengo el control". Y es reconfortante saber que, de verdad, Él tiene el control de todas las situaciones.

Después de orar, volví a la cama e intenté dormir. Pero en lugar de eso me sentí impulsada por el Espíritu a tomar mi Biblia que había quedado intacta toda la noche en mi mesa de luz. No sabía qué leer, así que me quedé acostada ahí, en la oscuridad, pensando en lo cómoda que estaba y que en realidad no quería encender la luz.

Pero acababa de pedirle al Señor que me ayudara a escuchar su voz. Acababa de pedirle que se llevara mis temores. Quería reasegurarme de que había escuchado la voz de Dios y que me hablaría con claridad sobre la boda, nuestro matrimonio y todo lo que teníamos por delante. Así que con muy pocas ganas, me levanté, encendí la luz y abrí mi Biblia. Esto fue lo primero que leí:

Al llegar a este punto, me palpita el corazón como si fuera a salírseme del pecho.
¡Escucha, escucha el estruendo de su voz, el ruido estrepitoso que sale de su boca!
Lanza sus rayos bajo el cielo entero; su resplandor, hasta los confines de la tierra.
Sigue luego el rugido majestuoso de su voz; ¡resuena su voz, y no retiene sus rayos!
Dios hace tronar su voz y se producen maravillas:
¡Dios hace grandes cosas que rebasan nuestra comprensión! (Job 37:1-5)

Y Dios dice:

¿Alguna vez en tu vida le has dado órdenes a la mañana, o le has hecho saber a la aurora su lugar, para que tomen la tierra por sus extremos y sacudan de ella a los malvados? (Job 38:12-13)

¿Dónde estabas cuando puse las bases de la tierra? ¡Dímelo, si de veras sabes tanto! ¡Seguramente sabes quién estableció sus dimensiones y quién tendió sobre ella la cinta de medir! ¿Sobre qué están puestos sus cimientos, o quién puso su piedra angular mientras cantaban a coro las estrellas matutinas y todos los ángeles gritaban de alegría? (Job 38:4-7)

Lentamente, se me dibujó una sonrisa. Era obvio que Dios estaba diciéndome que Él tenía todo bajo control y que no era necesario que me preocupara. Estaba mostrándome que su voz no era tan baja como para que yo tuviera que esforzarme para escucharla, sino que por el contrario, era tan audible como el trueno y el relámpago. Me dejó en claro que quiere que lo conozca, que conozca su voz y, en consecuencia, que confíe en Él y en su cuidado. ¡Si Él puede hacer que el mundo funcione, ciertamente puede cuidar de mí!

No importa cuáles puedan ser nuestros temores, Él quiere que sepamos que, como cualquier buen padre, siempre está ahí. Anhela tener comunión con nosotras, sus preciosas hijas reales. Ansía ver que el primero al que acudimos en busca de ayuda y seguridad es a Él. Quiere encontrarnos en nuestras alegrías y festejos, en nuestras penas y en nuestros lamentos, en nuestro pecado y en nuestra vergüenza, y entonces hacer su maravilloso trabajo en nuestro corazón, haciéndonos cada vez más apropiadas para su corte real.

Dios es el espléndido Renovador. Él busca renovarnos desde adentro. Toda la preparación física y mental y el cuidado de la belleza en el mundo son irrelevantes si nuestro espíritu no está en armonía con Dios. Por lo tanto, Él se propone rehacernos por completo. Si le damos la oportunidad, lo hará de esa manera, y los cambios serán visibles de inmediato. Y cuando Él decide transformarnos, hace una revisión completa.

Casi tres años atrás, para el veinticinco aniversario de casados de mis padres, mi madre remodeló toda la casa. Quisieron hacer una gran renovación que les permitiera tener todo lo necesario sin mudarse. Fue mientras yo estaba en la universidad, así que la mayoría de los cambios sucedieron cuando yo no estaba.

Un fin de semana decidí hacerles una breve visita, y fui en automóvil desde la universidad. Al llegar a casa, todo estaba destruido. Había materiales de construcción, herramientas y tablas por todas partes y la puerta de adelante había sido quitada. A medida que me iba acercando, miraba conmocionada la casa. Me hice camino en medio del desastre y llamé a mis padres. A través del polvillo, al fin encontré el paso hacia la habitación de ellos. Estaba todavía más destruida que el resto de la casa. Era obvio que no podían estar viviendo allí. ¡Qué lío terrible! Llamé a mi hermana y descubrí que estaban parando en su casa por una semana o algo así, hasta que por lo menos el dormitorio estuviera habitable.

Este es exactamente el tipo de trabajo que hace Cristo. A veces, Él determina que la renovación de nuestra vida, de adentro hacia afuera, sea tan drástica que tendremos que mudarnos de nuestra zona de comodidad. Quizás quiera ocuparse de nuestro cuerpo físico. Puede que quiera motivarnos intelectualmente. Tal vez tenga nuevas lecciones espirituales para que aprendamos. Pero cuando el Maestro Renovador aparece para trabajar, ¡cuidado! Dios está en proceso de convertirte en lo que Él quiere que seas (cuerpo, mente y espíritu). Te ha creado para que seas una mujer de excelencia. Eres un adorno en su corte real. Estás por transformarte en una hermosa joya de su corona: *"para un momento como este"*.

Piensa en lo siguiente

✠

¿Qué pasos puedes dar en lo inmediato para mejorar tu apariencia?

✠

*¿Qué puedes hacer para aprender a apreciar la belleza
y la singularidad que Dios te ha dado?*

✠

¿Qué estás haciendo para ser un aprendiz incansable?

✠

¿Qué es lo que más te interesa a nivel intelectual?

✠

¿Qué cambios te gustaría hacer en tu vida espiritual?

✠

*¿Estás más preocupada por tu apariencia física que por la espiritual?
Explícalo.*

Oración
de entrega

Señor, hay varias áreas de mi vida en las que necesito trabajar para sentirme mejor conmigo misma. Necesito tu constante ayuda para mejorar estas áreas de mi vida: _____

_____ , _____

_____ , y _____ ,

y confío en que tú me ayudarás a realizar esos cambios. En otro momento intenté hacer estos cambios con mis propias energías, pero esta vez quiero que me des tu fuerza. En nombre de tu precioso Hijo Jesús, me someto completamente a ti, y te pido hoy que tomes el control sobre cada área de mi vida. Nunca más dejaré que _____

_____ *controle mi persona, o mi actitud hacia mí misma. Me niego a permitir que el diablo tenga algún tipo de influencia en mí. Con frecuencia me siento derrotada porque* _____ .

Sin embargo, sé que tú, que tuviste el poder de levantar a los muertos y de sanar a tanta gente cuando caminaste por la tierra, puedes ayudarme en un momento como este.

En el nombre de Jesús, amén.

Fecha de hoy:

_____

Capítulo 4

Echados del Jardín

La joven mujer abrió sus ojos y por un momento permaneció acostada. No estaba tan segura de qué hacer o decir, o si quedarse callada; así que lo único que hizo fue quedarse acostada en silencio. Le dolían los ojos a causa de una intensa claridad. ¿Qué era ese objeto lejano que brillaba de esa manera? Su mente se aceleró con pensamientos de entusiasmo y expectativa. ¿Dónde estaba, quién era, y cómo había llegado allí?

El aroma fresco y verde que viene después de la lluvia permanecía en sus fosas nasales. Jamás había olido algo así. De repente, tuvo una sensación, un sentimiento estremecedor que le hizo mover un dedo. Movió otro dedo y otro, hasta que toda su mano estuvo delante de ella, al alcance de su vista. Esto bloqueó el brillo del sol.

Luego levantó un poco su cabeza y vio todo su cuerpo. Era realmente hermosísimo. Mientras seguía moviéndose, descubrió con gran asombro que este objeto le pertenecía, y cuando quería moverse, lo hacía. ¿Qué eran esas diez cosas en la base de esta hermosa obra de arte? ¿Le pertenecían a ella?

Era obvio que alguien le había dado un regalo extraordinario, pero todo esto era tan nuevo, tan único. Jamás había visto algo así. Ahora estaba sentada y su atención estaba tan cautivada que ni siquiera se había dado cuenta de la criatura larga y colorida que estaba enrollada cerca. Recién cuando se apartó, le llamó la atención.

Un instante antes de desaparecer, sus ojos se encontraron, y se sintió momentáneamente cautivada. Esos ojos se volvieron a ella y pareció que le decían cosas sobre ella misma, cosas que la hicieron sentirse orgullosa e importante. La extraña atención entre *ella y la criatura parecía casi mágica. Escuchó algo detrás de sí y miró alrededor, luego volvió a mirar la colorida criatura, pero ya había desaparecido.*

Levantó la cabeza y tomó aire. Había estado tan absorta en su despertar inicial y en aquella criatura que ni siquiera había tomado en cuenta lo que la rodeaba. Había árboles y vides preciosas por todas partes. Abundaban las plantas y las flores de un color y una belleza increíbles. Estaba fascinada. Sobre ella, había una magnífica bóveda azul que tenía almohadones blancos tan hermosos que le daban ganas de tocarlos. En realidad, quería tocar todo.

En ese momento, escuchó su voz: "¡Eva!"

No sabía de qué estaba rodeada, pero de alguna manera reconoció esa voz. No importaba dónde estaba o qué estaba haciendo, siempre conocería esa voz.

—Sí, Padre —contestó. Estaba demasiado emocionada para hablar.

—¿Dónde estoy? —preguntó. Suspiró aliviada, al saber que Él estaba ahí. Ahora comprendía que todo estaba bien. Confiar en el Padre era parte de su identidad.

—Todo lo que ves —le explicó Él— te lo he dado. Eres mi hija hermosa y mereces muchos regalos. Te usaré para glorificarme en este lugar nuevo que he creado. Hay otra persona como tú que vendrá a ti. Te hice para que fueras una ayuda idónea para él. Él y tú se convertirán en una sola carne, y su vida, juntos, se llenará de gozo porque siempre estaré con ustedes. Vendré y caminaré con ustedes por el Jardín, y les hablaré con frecuencia. Tú eres mi chiquita, y los dones que te he dado son especiales. Cuídalos por mí. Si necesitas algo, simplemente llámame, pues nunca estaré lejos.

—Pero recuerda lo siguiente: pueden comer los frutos de los árboles del Jardín, pero del fruto del árbol que está en medio del Jardín, no comerán. ¡Ni siquiera lo toquen! Todo lo demás lo he puesto al alcance de ustedes y de sus manos, y no hay nada que no puedan tener. Solo los alejaré de aquellas cosas que los lastimarán… porque los amo mucho.

Eva estaba contenta y cómoda, pues tenía todo lo que necesitaba. No entendía todo lo que estaba ocurriendo, pero se sentía tranquila y feliz. Su Padre le había dado tantos regalos hermosos que no merecía. Realmente la amaba y se ocupaba de ella. ¡Qué Padre estupendo era Él!

Ella siguió caminando por su mundo nuevo y desconocido, reflexionando en la palabra que su Padre le había dado. Le había dicho que alguien vendría a ella. ¿A quién se refería? ¿Era la criatura colorida que había visto antes? Si así era, ¿a dónde se había ido? Había tantas cosas sin respuesta, pero aun así ella creía en cada palabra que el Padre le había dicho.

Oyó el suave andar de unos pies sobre las hojas y se volvió. A la distancia, vio una figura sumamente elegante caminando hacia ella. Su forma era bastante parecida a la de ella, y no había visto nada como él en el Jardín. En un instante supo que era él quien el Padre le había prometido. Ya no estaba sola.

Eva descansó, esperó y reflexionó. Había recibido tantos regalos maravillosos en tan poco tiempo, y ahora no podía esperar hasta que apareciera el próximo. Se sentó por unos instantes. Nada. Esperó un poco más, mirando en derredor suyo como si esperara que otro milagro estuviera por ocurrir de un momento a otro. Pero nada. Empezó a aburrirse. Necesitaba algo para hacer.

Miró a su alrededor para encontrar algo interesante en lo cual ocupar su atención, y de repente, sus ojos quedaron cautivados por la criatura colorida que había visto antes. Su largo cuerpo se había enroscado en un árbol cercano, el árbol en medio del Jardín. Una vez más se sintió atraída por los ojos que parecían decirle tanto sobre ella. Caminó hacia la criatura, y esta vez, la criatura abrió su boca y le habló. Sus palabras tocaron su punto de necesidad. "El árbol sobre el que estoy descansando, te causará un gozo inimaginable. Tendrás todo lo que tiene tu Padre. De hecho, serás como Él si tan solo comes este delicioso fruto".

El primer impulso de Eva fue dar la vuelta y marcharse, pues la voz de su Padre le había hablado claramente en cuanto a eso. Pero en lugar de hacerlo, se quedó. No pudo resistir la tentación de acercarse y ver de qué hablaba la serpiente. Su Padre era maravilloso, ¿qué podía haber de malo en ser como Él? Al principio se resistió, pero luego probó. Desobedeció. No tuvo en cuenta la relación con su cariñoso Padre. La consecuencia fue inevitable. Ella y su nuevo esposo serían echados del Jardín.

LA MUJER
JOYA EN LA CORONA DE LA CREACIÓN

Dios hizo su regalo más precioso en el sexto día de su proceso creativo. Pasó cinco días dando forma a la tierra y a todo lo que contenía, y entonces, de la tierra, dio a luz al hombre. Diseñó y formó a Adán y sopló aliento de vida dentro de él.

Sin embargo, después de todo el trabajo que había hecho, miró y descubrió que su tarea con este hombre todavía no estaba completa. "No es bueno que el hombre esté solo" (Génesis 2:18), dijo, y entonces creó una ayuda idónea para él; hizo a la mujer. ¿Alguna vez has escuchado que debes reservar lo mejor para el final? Es exactamente lo que hizo Dios.

La mujer sería el medio que usaría el diablo para introducir el pecado en el mundo, pero en su infinita gracia y misericordia, Dios usaría este mismo medio para traer al Salvador a esta tierra: el Elegido que redimiría al mundo de sus pecados. Esta mujer, que ignoró el liderazgo de su esposo y decidió hacer lo que ella consideraba correcto, fue perdonada, y Dios la amó a pesar de su maldad. Las mujeres somos especiales ante la mirada del Creador. Él sabía lo que estaba haciendo cuando creó una ayuda para Adán. Se guardó lo mejor para el final.

Dios había creado a la humanidad por una única razón: para que lo glorificara. Este había sido su plan. No podía ser mejor que esto. Adán y Eva eran sus obedientes hijos a los cuales amaba. Les dio todo lo que ellos querían y necesitaban. Seguramente no necesitaban acceder a ese árbol, ¿no?

Las mujeres somos iguales a Eva en cuanto a que Dios decidió que el mundo nos necesita. ¿Alguna vez pensaste en eso? Dios miró hacia la tierra luego de haber creado todo lo demás, y decidió que el mundo no podría lograrlo sin nosotras. Decidió que no permitiría que tú fueras descartada. Decidió que, aunque algunos de tus amigos ya no estén vivos, el mundo aún te necesita a ti. Aunque tal vez no merezcas vivir, Él sigue dándote el regalo de la vida, con la esperanza de que la utilizarás al máximo de su potencial.

¡Dios te ama mucho! Quiere que el mundo aproveche de ti, de tu singularidad, de tus dones, tus talentos y tus habilidades. Él te ha regalado tu raza, tu género y tu cultura. Decidió que nacieras en la fecha y el momento que el mundo más te necesitaría. No fue un error. Eres un regalo de Dios para el mundo. Eres una joya en la corona de su creación.

EL TRUCO MÁS VIEJO EN EL LIBRO

Lamentablemente, Satanás quiere destruir todo lo puro, lo santo y lo hermoso que Dios hace. Dios te ha regalado una hermosa relación con Él en la cual crecer y llevar fruto. Satanás quiere destruirla. Hará cualquier cosa para quitarte del florido jardín de tu relación con Cristo.

El diablo sabe que, como mujer, eres susceptible a los trucos que tiene en la manga para ti. Uno viejísimo es este: el diablo busca lograr que *hagas, seas* o *tengas* cualquier cosa que Dios no te haya llamado a hacer, ser o tener. ¿Te parece demasiado sorprendente? Mira, el diablo sabe que si puede hacer que luches por conseguir algo que no está destinado para ti, no lo conseguirás. Como no lo logras, automáticamente piensas que hay algo malo en ti. En realidad, no hay nada malo contigo; ocurre que eso por lo que estás luchando es algo que Dios no se ha propuesto que hagas, seas o tengas.

¿Me sigues? ¿Qué hay de ese muchacho por el cual has estado luchando por conseguir, y que ni siquiera te presta atención? ¿O ese empleo que has intentado obtener con todas tus fuerzas una y otra vez? ¿O ese ascenso por el cual has mentido, engañado y hasta robado? Quizás no los consigas porque no son la voluntad de Dios para ti.

Por supuesto, cuando no logramos cosas como éstas, nuestro primer impulso es mirarnos a nosotras mismas y decir: "¿Qué hay de malo en mí? ¿No soy lo suficientemente inteligente, linda, ni digna?" A veces miramos a la mujer que obtuvo lo que queríamos, y decimos: "¿Qué tiene ella que yo no tenga?" Ahí es donde nace la envidia.

¡No hay nada malo en ti! Solo que eso no fue hecho para ti; así que, tan difícil como suene, déjalo de lado. El diablo quiere que luches por cosas que no están hechas para ti. Quiere que sufras y llores y te sientas miserable por las personas, los lugares y las cosas que siempre parecen fuera de tu alcance. Quiere que pienses que no puedes obtenerlas porque no estás a la altura de ellas. Y hará todo lo que esté a su alcance para ponerlas en tu camino y que te esfuerces por ellas, solo para que fracases miserablemente.

Satanás jugó este juego con la primera mujer que existió en el mundo: mi muchachita Eva. Ella estaba contenta en el Jardín del Edén. Tenía su hogar, su Dios y su hombre. No le faltaba nada. Vivía en un lugar sereno al cual había sido, literalmente, llevada por Dios. Sabía que estaba en la voluntad de Dios para su vida porque caminaba y hablaba con Él todos los días. Si algo le faltaba en la vida, no se daba cuenta. Estaba satisfecha. Todo lo que necesitaba, se lo había dado el Dios todopoderoso, y ella estaba en perfecta paz. Estoy casi segura de que creía en sí misma y en su valor como mujer por su relación con el Padre.

Ya verás lo que ocurre cuando Satanás ataca a una joven que tiene una gran relación con el Padre. Debes entender que cuanto más cerca estés del Señor, más difícil le resultará al diablo intentar enredarte con sus trucos y ponerte trampas. Satanás sabe que fuera de tu relación con Dios, no serías capaz de darte cuenta de tu potencial en la realeza y de tu belleza en la corte del Rey. Tu valor como persona se basa en tu cercanía e intimidad con el Padre, por lo tanto, el diablo quiere destruir eso.

LAS CONSPIRACIONES CONTRA LAS HIJAS DEL REY

Satanás sabe que hay ciertas mujeres a las que puede engañar. Existen algunas mujeres que son tan mundanas en su mentalidad, que él sabe que ya las tiene bajo control. Pero se siente desafiado por aquellas de nosotras que nos atrevemos a pensar que de verdad somos hijas de Dios. Así de orgulloso como es, traza sus planes teniéndonos a ti y a mí en mente. Redoblará sus esfuerzos para destruir nuestro testimonio, y a nosotras.

El diablo quiso sacar ventaja de la posición de Eva: la naturaleza de todo el mundo descansaba sobre sus hombros, y él quería corromperla con el pecado. También es importante que tomes nota de que Satanás no buscó a Adán; se dirigió a Eva. Sabía que, como mujer, ella tenía la puerta del futuro. Satanás sabe dónde reside el verdadero poder. Sé que los hombres son los líderes. Son la cabeza, ¡pero nosotras somos el cuello que mueve esa cabeza! Por eso, la trampa del diablo es lograr que hagamos, seamos o tengamos cualquier cosa que Dios no tenía el propósito que hiciéramos, fuéramos o tuviéramos.

Dios le dijo a Adán y a Eva que podían comer de cualquiera de los árboles del Jardín, excepto del árbol del conocimiento del bien y del mal. Desde luego, ese fue el árbol con el que Satanás sedujo a Eva. Génesis 3:3 dice que el diablo la "engañó". Esa misma serpiente quiere engañarte también a ti. Quiere mantenerte interesada en hacer cosas que Dios no quiere que hagas.

Satanás quiere que te metas en cosas que no son para un propósito eterno, de manera que estés demasiado ocupada como para disfrutar de las cosas que Dios quiere para ti. ¿Qué estás haciendo en este momento que te impide disfrutar de lo que Dios tiene para ti? Satanás armará su conspiración de varias formas. Por ejemplo, a menudo trata de molestarnos con la única cosa que Dios nos ordenó que no hagamos, y entonces pasamos demasiado tiempo pensando en eso. Finalmente, nos distrae de obedecer a Dios en otras áreas.

Nos preocupamos tanto por ciertas restricciones que Dios nos ha puesto en la vida, que, como Eva, olvidamos que esas restricciones son para nuestro bien. Sin ellas, estaríamos en un gran problema. A veces, a los solteros los consume tanto la presión de "tratar de no tener relaciones sexuales", o al menos tratar de no ir tan lejos, que no disfrutan del regalo de ser solteros. Ven la intimidad física como algo a lo que tienen que dedicarle una enorme cantidad de tiempo y atención tratando de evitarla. Aunque realmente tienen que evitar tener sexo fuera del matrimonio, con frecuencia los trastorna tanto el no poder tener sexo, que se pierden lo que Dios quiere que hagan en su relación: aprender uno del otro.

¡Cuánto gozo hay en el simple hecho de disfrutar lo que Dios tiene para nosotros en este momento! Pero para hacer eso, no tenemos que obsesionarnos por lo que nos ha pedido que *no* hagamos.

El índice de adulterio en nuestro país se ha disparado a las nubes en los últimos años y, en parte, esto puede atribuírsele a algo bastante sencillo: Satanás ha colgado la zanahoria de la soltería delante de los ojos de los casados, y estos se han dejado llevar por la curiosidad y la ansiedad.

Si estás soltera, él trata de debilitarte en tu soltería. Si estás casada, busca debilitarte en tu matrimonio. Si estás trabajando en el ministerio, quiere que anheles tener más dinero. Si tienes hijos, quiere que añores ser libre para hacer lo que se te dé la gana, a riesgo de abandonar tu familia. Lo que sea que Dios te haya llamado a *no* hacer en tu vida en este momento, Satanás hará todo lo posible para tentarte precisamente con eso. ¡Cuidado!

TENTADA A TOMAR EL CONTROL

El segundo truco del diablo es hacer que quieras ser algo para lo cual Dios no te ha llamado. Satanás fue directo a Eva porque sabía lo poderoso que sería para ella tomar una decisión sin consultar primero con su esposo. Esa fue su estrategia para lograr que Eva tomara la delantera. Sabía entonces y sabe ahora que una mujer sin la cobertura de un hombre, es fatal.

Satanás hará todo lo posible para que tomemos el liderazgo en nuestro hogar. Quiere que nos sintamos molestas con la posición de autoridad de nuestro esposo, y entonces comencemos a usurpar dicha posición. Está ansioso por poner en movimiento su plan. Las mujeres tienen que orar a Dios por un renovado espíritu de sumisión en su corazón. Ahora bien, sé que te aterra el solo hecho de escuchar esa palabra, pero es a través de nuestra sumisión que somos liberadas, sanadas y restauradas. Podemos descansar cuando nos hemos sometido a un hombre que se somete al Señor.

Realmente lo lamento por los muchachos. Tienen mucha responsabilidad. No solamente por tener que controlarse a sí mismos, su vida espiritual y física, sino que cuando se casan, también son responsables por nosotras, sin mencionar a nuestros hijos. Sin embargo, Dios creó a los hombres con la habilidad innata de cargar con esa responsabilidad. Y no hizo a las mujeres de la misma manera. Hemos sido hechas con el deseo innato de seguir el liderazgo del hombre.

Vivimos en una generación que nos dice a las mujeres que hagamos las cosas a nuestra manera y dejemos a los hombres fuera de la ecuación. La mayoría de nosotras no diría que es feminista. Por cierto, no estamos de acuerdo con la mayoría de los principios feministas pero, lamentablemente, aunque no nos demos cuenta, la mayoría aprecia un ideal feminista: no queremos someternos.

Si estás soltera, te animo a que tomes esto en cuenta. Comienza a orar para que Dios te moldee y te prepare para el rol sumiso que tendrás que tomar con el tiempo para ser una esposa piadosa. Hoy en día, las mujeres esperan más tiempo para casarse, y durante esos años de soltería viven solas y pagan sus propias cuentas. Las solteras deciden por sí mismas dónde irán, qué harán y con quién. Ciertamente no hay nadie que les diga lo que deben hacer, si pueden salir, o a qué hora tienen que regresar. Se han convertido en reinas del microondas, cocinando para una sola persona sin tener que preocuparse por ninguna comida preferida, salvo la suya.

Mujer soltera: ¿Qué te hace pensar que cuando camines hacia el altar, de repente tendrás un espíritu de sumisión concedido para ti? ¿Honestamente piensas que de repente querrás hacer cualquier cosa que tu marido te pida? ¡Por favor, muchacha! Te sentirás en extremo rebelde.

Quizás al principio esté todo bien, pero ese viejo espíritu de independencia aparecerá y te tomará por sorpresa a ti y a tu flamante esposo. Él se preguntará qué le sucedió a la dulce y obediente esposa con la que se había casado. Tú te preguntarás quién se cree él que es. La única solución de tu parte será que te sometas.

Empieza ahora a dejar que Dios obre en tu corazón en cuanto a la sumisión. ¿Por qué? Porque Satanás se aprovechará de cualquier pedacito de tu corazón que tienda a querer ser lo que Dios no te ha llamado a ser. El diablo quiere que tratemos de dirigir nuestro hogar y nuestros hombres, porque es exactamente lo opuesto al plan del Señor.

Si no te has casado, busca un hombre piadoso en cuyo liderazgo puedas recibir consejo sobre las cuestiones importantes. Toda mujer necesita tener el liderazgo de un hombre. Si te has casado, desde luego que tu líder será tu esposo. Si eres soltera, pídele a Dios que envíe un hombre a tu vida, tal como el pastor o el líder de tu iglesia, para que te brinde una cobertura piadosa hasta que te cases.

ANSIAS POR LO QUE NO DEBERÍAMOS TENER

Es asombroso cómo ese árbol se veía tan tentador para Eva, tan deseable que no pudo resistirse. Ella podía disfrutar de todos los otros árboles del Jardín, pero no podía dejar de pensar en la única cosa que se suponía que no debía tener. ¿No es esa la manera en que funciona la vida? La tercera trampa del diablo es hacer que quieras tener algo que Dios no quiso que tuvieras.

Satanás quería que Eva comiera el fruto del árbol prohibido. Y el pecado se multiplica, y una cosa siempre lleva a la otra. Cuando eras una niñita, ¿te diste cuenta de que al decir una mentira, tenías que decir otra para cubrirla, y luego otra y otra más? Esa es la naturaleza del pecado. Y el pecado genera consecuencias.

Después de que Adán y Eva tomaron y comieron el fruto, Dios dictaminó un fallo sobre ellos. En Génesis 3:16, una de las sentencias es para la mujer: "Desearás a tu marido, y él te dominará". Si lo lees demasiado rápido, no captarás la importancia de lo que dice. Una de las consecuencias del pecado de Eva fue que ella desearía atención, cariño y amor de su esposo.

En lugar de eso, él simplemente la dominará. Si esto no es una profecía sobre el carácter de las relaciones entre hombres y mujeres, no sé qué es.

Si eres como la mayoría de las mujeres, probablemente te hayas dado cuenta de que en general, los hombres no sienten como si estuvieran en una montaña rusa emocional cuando una mujer no quiere salir con ellos. No se tiran al piso a llorar, ni llaman a sus amigos para pedirles consejo, ni están al borde de sufrir un colapso emocional grave. Las mujeres sí. Hay mujeres solteras que se humillan a sí mismas en sus desesperados intentos de ganar la atención de algún hombre. Estoy convencida de que en parte se debe a que la maldición que Dios le dio a la mujer fue que ella desearía amor, atención y cariño, pero no los recibiría.

Por causa de la sentencia de Dios, tú y yo tendemos a desear aquello que no nos desea. Queremos hombres que no son los adecuados para nosotras. Queremos algún empleo que no está destinado para nosotras. Deseamos posesiones que no son las apropiadas. Cuando no conseguimos esas cosas, nos sentimos emocionalmente perturbadas, y esto es exactamente lo que el diablo quiere. Cuando perdemos de vista a Cristo y ponemos la mirada en lo que no podemos tener, iniciamos el proceso de ser echadas del Jardín. Cuando queremos algo que no está destinado para nosotras, nos distraemos de aquellas cosas que Dios quiere que tengamos. Nuestra meta tiene que ser escuchar la voz de Dios y confiar en que nos dirige. Sin importar lo que queramos hacer, ser o tener, debemos confiar en que Él sabe qué es mejor para nosotras.

Una vez tuve que viajar a una ciudad lejana para dar una charla. No recuerdo a dónde estaba yendo, pero jamás olvidaré el vuelo que me llevó hasta allí. Cuando viajo en avión, el tiempo pasa con mucha rapidez porque trabajo en mi computadora portátil o me dedico a leer algo para prepararme. A menudo voy tan absorta en lo que estoy haciendo que ni siquiera levanto la vista cuando la azafata pasa junto a mí. Normalmente, no quito los ojos de mi trabajo hasta que el avión da una sacudida y me hace saber que hemos aterrizado.

Este vuelo en particular fue memorable. A una hora de haber comenzado el viaje, de repente el avión sufrió una caída. No hubo un descenso gradual, ni un aterrizaje fácil y agradable. Simplemente, nos caímos. El equipaje se cayó a los pasillos. Los pasajeros gritaban. Las personas que estaban caminando cayeron al piso. Todos estaban demasiados conmocionados. Me senté en silencio, completamente sobresaltada, sin saber qué esperar. Como todos los demás, estaba bastante asustada.

Pocos momentos después de la caída, se escuchó la voz del piloto por el sistema de altavoces. Se aclaró la garganta y con mucha calma anunció que, aunque lo lamentaba mucho, no había tenido ninguna opción en cuanto a la situación que acababa de ocurrir. Explicó que había recibido un llamado urgente desde la torre de control, avisándole que estábamos volando en dirección a un choque con otro avión. Hubiera ocurrido una grave calamidad si en ese instante no hubiese dejado caer al avión de su ruta original. Después del anuncio, todavía tuvimos algunas turbulencias, pero al haber escuchado el motivo por el cual habíamos caído, lo entendimos. No nos había gustado el malestar de la caída, pero por cierto preferíamos eso a que el avión tuviera un accidente.

A veces el Señor tiene que sacudirnos un poco para alejarnos del curso de choque contra un desastre. Él es la torre de control, y es el único que tiene una visión completa de nuestra vida. Tal vez haya algo que desesperadamente quieres hacer, ser o tener, que Él no te concede. El súbito golpe que ha usado para sacudir tu vida tal vez haya sido incomodísimo, pero estoy segura de que prefieres esta pequeña turbulencia a sufrir un choque mayor.

Lo que más quiere Dios es proteger a sus hijas. Necesitamos someter todo bajo sus pies porque Él ve la imagen completa. Él sabe cuando el enemigo quiere que *hagamos* algo, *seamos* algo o *tengamos* algo que es inapropiado para las mujeres de la realeza en la corte del Rey. Si caminamos junto a Él en el hermoso jardín de nuestra relación, entonces nos guiará y protegerá. Nos alejará de los planes y las conspiraciones de esa colorida y serpenteante criatura que, después de todos estos años, sigue haciendo promesas que no puede cumplir.

Piensa en lo siguiente

✠

*¿Cómo ha intentado Satanás alejarte de la hermosa
relación que tienes con tu Señor?*

✠

¿De qué maneras concretas el diablo parece tener la victoria sobre tu vida?

✠

*¿Qué estás tratando de hacer que tal vez no sea la voluntad
de Dios para ti en este momento?*

✠

¿Quién o qué estás intentando ser que no sea lo que Dios ha destinado para ti?

✠

*¿Qué cosa estás intentando tener con tu máximo esfuerzo que
obviamente no es lo que Dios quiere para ti, al menos en este momento?*

✠

*¿Qué bendiciones podrías estar perdiéndote por estar
más interesada en lo que tú quieres que en lo que Dios quiere para ti?*

Oración
de entrega

Vengo a ti humildemente, querido Señor, y te pido perdón. El diablo me ha sacado de muchas maneras del jardín que comparto contigo. Con frecuencia no paso tiempo a tu lado porque ocurren demasiadas cosas. Sin embargo, yo sé que nada de lo que tenga que hacer, _____, ni _____, es más importante que estar contigo. Sé que Satanás está tratando de engañarme de muchas maneras. A menos que escuche y reconozca tu voz y sepa lo que me pides que haga, es posible que sucumba a las tentaciones que el diablo me pone por delante.

Señor, mi objetivo para el futuro es ser _____.
Sin embargo, lo sujeto a ti. Te pido que me des la mente de Cristo. Deseo hacer solamente lo que tú quieres que haga. Señor, a veces quiero ser líder en mi hogar, o en otros lugares en los que no estoy llamada a liderar. Te pido que me ayudes a ponerme bajo el liderazgo que has dispuesto para mí. Ayúdame a no querer ser nada que no me hayas llamado a ser.

Por último, Señor, realmente quiero tener _____ y
_____. Sin embargo, hoy sujeto estas cosas a ti y te pido que solo me permitas tener lo que tú quieres que tenga. Soy tuya por completo, Señor, y no quiero ser engañada por el diablo. Guíame por el camino de la virtud, en el nombre de tu grandioso Hijo Jesús, amén.

Fecha de hoy:

_____

Capítulo 5

Joyas en el barro

¿Alguna vez te sentiste inútil? ¿Alguna vez te miraste en el espejo y te preguntaste qué puede ver alguien en ti? A Satanás le encantaría engañar a tantas mujeres como le fuera posible, para que crean que no sirven para nada. Si puede hacernos sentir que no valemos, habrá encontrado una manera de evitar que cumplamos nuestro destino como mujeres de la corte del Rey. Sabe muy bien que las mujeres son seres poderosos, la puerta al futuro.

Cuando no nos valoramos a nosotras mismas, nuestro sentido de nulidad se filtra hacia nuestros hijos. Esto afecta nuestras amistades; impacta sobre los hombres de nuestra vida; daña nuestra relación con todo tipo de personas. Influencia en todos los que nos rodean, porque ellos aprenden de nosotras. A menos que se produzcan algunos cambios importantes, una gran cantidad de mujeres son imitaciones de joyas que, lamentablemente, criarán a sus hijos para que resulten de la misma manera. Y al diablo le encanta eso: ha influido exitosamente sobre una generación de mujeres que son verdaderos diamantes, para que crean que no son valiosas. Por lo tanto, actúan como circonio cúbico, una sustancia que imita las características del diamante. Recuerda, tú eres la auténtica.

Estoy tan agradecida por mi madre. No dejó que el diablo se aprovechara de ella, y esto benefició a sus cuatro hijos y a su nieta. Nosotros hemos visto claramente que ella es consciente de su lugar en el reino de Dios, lo cual le ha dado un gran sentido de dignidad y de sano orgullo. Y a sus hijos nos ha infundado un sentido similar de dignidad y orgullo. Es fundamental que no dejemos que Satanás nos quite la certeza de nuestra legítima posición en Cristo.

Tal vez tengas baja autoestima. Quizás hayas sido abusada de pequeña. Tal vez se burlaban de ti cuando eras niña y todavía sufres las consecuencias. Quizás hubo circunstancias que sobrepasaron tu control y pusieron a prueba tu estima. No tienes la culpa de que tu madre te insultara y eso te marcara. No eres culpable de que tu padre o tu tío hayan abusado física o emocionalmente de ti.

Pero, mi amiga, sí es tu culpa que no te hayas recuperado de eso a través de la sanidad de Dios. Sé que eso puede sonar severo, pero la Biblia nos revela que en Cristo Jesús tenemos el poder de librarnos de los efectos del pasado. Por la gracia de Dios, no necesitamos aferrarnos a la culpa y la vergüenza que nos impide alcanzar nuestro verdadero potencial. Tal vez no puedas olvidar, pero puedes superarlo y seguir adelante.

¿El hombre que amas te ha dejado por otra mujer? ¿Te han dejado de lado una y otra vez para ese ascenso que tanto mereces? ¿Te has endeudado demasiado y ahora tienes que hacer frente a los acreedores y esa amenaza de quiebra? Cariño, es hora de que te levantes y sigas adelante. No permitas que el pasado te arrebate el futuro de felicidad que tienes por delante.

Jesús vino "para que tengan [nosotros] vida, y la tengan en abundancia" (Juan 10:10). Él quiere que vivas una vida abundante en belleza, paz y satisfacción. Él no promete felicidad, pero la desea para sus hijos. Es un regalo.

ME HE CAÍDO Y NO PUEDO LEVANTARME

En la Galería Dallas tenemos una tienda llamada "Impostores". Si el nombre no la delatara, tal vez nunca te darías cuenta de que cada pieza de fina joyería que tienen en exhibición es falsa. Cada rubí que destella, cada diamante que parpadea brillo, es una imitación. Esas piedras falsas parecen auténticas, pero no lo son.

Si fueras a cualquier otra joyería del centro comercial y compraras un diamante verdadero, estoy segura de que lo apreciarías mucho más que a cualquier pieza de "Impostores". ¿Por qué? Porque sería más valioso para ti. Habrías gastado más dinero en él. Tendrías más cuidado con la joya auténtica porque es rara, preciosa y de mucho valor.

Lo mismo se aplica para nosotras: si no creemos que somos verdaderas joyas, de gran valor, no nos valoramos como debemos. Tienes que entender que no eres una impostora. No eres circonio cúbico en la corona del Rey. Eres una joya auténtica. ¿Te has olvidado que fuiste comprada por un precio altísimo?

Muchas personas siguen prisioneras de las tragedias del pasado porque no creen que valgan el esfuerzo de seguir adelante. No se dan cuenta de que tienen el poder y la responsabilidad de levantarse y avanzar. Si te cayeras en un charco de barro, no te quedarías ahí, ¿verdad? Querrías salir lo antes posible para limpiarte, ir a tu casa, darte un baño y cambiarte de ropa.

¿O es posible que quisieras quedarte en el barro porque te gusta estar ahí?

A lo mejor hay cierto consuelo en verte tan sucia que ya no podrías ensuciarte más. Y si no te levantas del charco de barro y no deseas limpiarte inmediatamente, tal vez sea porque quieres que todos sepan que te caíste en el barro, o porque te sientes cómoda ahí. ¿Alguna de estas situaciones se aplica a ti?

De nuevo: quizás no sea tu culpa que estés en el barro. Quizás otra persona te haya empujado al charco hace mucho tiempo. Pero, ¿por qué sigues ahí? ¿Simplemente estás sentada ahí repasando tus recuerdos y permitiendo que el barro te quite tu verdadera belleza? Si es así, ¿por qué?

¿Has salido con algún muchacho y luego te diste cuenta de que tiene las mismas características que te llevaron a dejar a tu novio anterior? ¿Te relacionas constantemente con amigas que no son sanas para ti? ¿Cuál es el verdadero motivo por el que no dejas de fumar o de consumir drogas? Sería tan fácil poder culpar a otra persona por tu situación actual, pero Dios ha llamado a las mujeres de su reino a un nivel más alto. No quiere que vivamos en el dolor del pasado, sino que salgamos del barro y vivamos las bendiciones del presente y del futuro. Quiere que experimentemos el gozo del Señor. En el barro no encontraremos gozo ni bendiciones. Tenemos que levantarnos, salir y seguir adelante.

LAS VESTIMENTAS DE LA REALEZA

A lo mejor ya hayas salido del charco de barro de tu pasado, pero todavía estás usando tus viejas ropas cubiertas de suciedad. Con eso quiero decir que eres adicta a la autocompasión.

Haces festines de autocompasión y te gusta invitar a otras personas para que puedan tenerte lástima por tus vestidos cubiertos de barro. Ya no tienes deudas económicas ni estás en medio de una relación fracasada, pero todavía llevas esa ropa puesta para que todos puedan ver y reconocer lo fuerte que has sido para poder salir de semejante charco. Hay un solo problema con eso: el sucio charco del pasado está arruinando tu personalidad.

¿Todavía llevas adheridas a tu piel y tus prendas el fango del aborto, de las deudas o del divorcio? ¿Cae en picada tu autoestima cada vez que te miras fugazmente al espejo?

Naturalmente, tus amigos saben que tu autoestima ha sido dañada por el barro de tu pasado. Pero es probable que no te lo digan. Solo te tendrán lástima y con ello mermarán la autoestima a la que tienes derecho.

Yo no quiero ir a ninguna fiesta de autocompasión, especialmente si se trata de la mía. ¿Por qué? Porque Dios ha elegido a las mujeres y deberíamos querer que los demás nos vean transitar nuestra vida con un porte noble. Los demás deberían preguntarse cómo es que podemos caminar con la cabeza tan en alto. Nuestra meta debería ser exhibir de tal manera el fruto del Espíritu, que muchos quisieran venir y tomar un bocado de nosotras para experimentar el agradable sabor de nuestra vida.

Yo no soy una santa que jamás cayó en el barro. He tenido que cambiarme la ropa varias veces. En momentos especiales de oración, le he pedido al Señor que me quite las prendas inmundas y me vista con nuevas ropas inmaculadas que me recuerden a mí, y a los demás, mi valor y mi dignidad.

¿Qué pasa contigo? ¿No es tiempo de que salgas del barro? El Dios del universo quiere vestirte con ropas de santidad. Ya te ha otorgado un nuevo comienzo, un nuevo nombre y un nuevo propósito de vida. También te dará un nuevo guardarropa adecuado para las mujeres de la realeza. Usa esas ropas con dignidad y no permitas que el barro oculte su valor. ¿Por qué dar vueltas como una plebeya cuando eres una joya en la corona del Rey?

*A*GUA CALIENTE – PRIMER CICLO

Tengo una sobrina indómita. Es una obra de arte. Siempre está metiéndose en alguna actividad que no sirve para nada, excepto para ensuciarse toda la ropa y el cuerpo. Cada vez que paso un rato con ella, me hace repensar la idea de tener hijos.

A Kariss y a mí nos encanta salir a pasear juntas y yo disfruto compartir tiempo con ella. Uno de nuestros pasatiempos favoritos es salir a patinar en *rollers*. Nos gusta ir por un camino que está cerca de mi casa, y patinar por diversión.

Aunque ahora nos divertimos, me acuerdo de la primera vez que tratamos de patinar juntas: no fue particularmente agradable. Supongo que sobreestimé el tiempo y la distancia que ella sería capaz de recorrer con sus siete años. Estaba segura de que podría patinar la misma distancia que cubría yo cuando salía sola.

Mi hermana nos llevó en automóvil y nos dejó en nuestro punto de partida. Poco tiempo después de haber comenzado, Kariss empezó a cansarse y a fastidiarse porque le dolían los pies y la espalda. Sinceramente me sentía mal por ella, pero no podía hacer nada al respecto. No había otra manera de regresar, que no fuera seguir con el plan original de volver patinando hasta mi casa. Pronto me di cuenta de que el paseo sería lamentable.

Luego de hacer todo lo posible por animarla a continuar, me di por vencida y le dije que podríamos volver caminando. Ahora imagina la escena: era un día frío, y cuanto más tarde se hacía, más frío teníamos. No solo hacía frío, sino que además había estado lloviendo los dos últimos días. Había barro por todas partes.

Llegamos al primer gran charco de barro y, como te imaginarás, Kariss pensó que era la cosa más maravillosa que había visto. Lo atravesó corriendo. De repente, le había vuelto la sonrisa. Otra vez la estaba pasando genial. Corrió y saltó y se divirtió. Bueno, todos los que me conocen y conocen mi relación con mi sobrina, saben que ella puede manejarme con facilidad. A Kariss no le cuesta mucho salirse con la suya cuando está conmigo.

Cuando me di cuenta, yo estaba chapoteando en el barro como una niñita de siete años. Saltábamos, brincábamos y corríamos. Y después, las dos nos caímos en el enorme charco. Bueno, me imaginé que no tenía sentido intentar mantenerme limpia a esa altura. Si Kariss era feliz, yo también. Fuimos salpicando barro y chapoteando en todos los charcos de vuelta a casa y la pasamos súper bien.

Cuando llegamos a casa, éramos un desastre. Nos desvestimos las dos, tiré toda la ropa al lavarropas y lo programé para agua caliente. No hace falta decir que la ropa aún quedó manchada (a lo mejor tendría que haber usado un quitamanchas) después del lavado. La lavé una segunda y hasta una tercera vez, pero ni siquiera así quedaba lo suficientemente limpia. Las prendas necesitaban cierto cuidado y tratamiento especial, ¡y blanqueador! El jabón solo no solucionaría el problema.

Hermana: tú y yo también necesitamos cuidado y atención extra para quitar las manchas de nuestro pasado. Nos preguntamos por qué es tan difícil reparar el daño habiendo estado en el lavarropas tantas veces. Vamos a la iglesia, cantamos en el coro, y hacemos todo lo posible por estar con personas piadosas, pero por alguna razón, pareciera que no podemos deshacernos de la mancha de barro que ha quedado. ¿No es sorprendente cómo algo tan divertido puede dejar una mancha que dure tanto tiempo?

*A*GUA CALIENTE Y BLANQUEADOR, —SEGUNDO CICLO

Mi iglesia local, donde mi padre es el pastor, comienza cada año con un encuentro llamado "la reunión solemne". Es una semana en la cual a todas las personas de la iglesia se les pide que se abstengan de la cena y de ver televisión durante esos días. El propósito del encuentro es invitar a Dios a que sea una parte integral de la vida de la iglesia en el nuevo año, y pedirle que intervenga de maneras milagrosas en la vida personal de cada miembro de la congregación.

¿Puedo sugerirte que el ayuno puede ser el "blanqueador" que necesitas para quitar la mancha de tu vida? La Biblia dice que hay ciertas manchas que solo salen con ayuno y oración. Cuando ayunas renuncias a satisfacer las necesidades de la carne para satisfacer las necesidades superiores del espíritu. El ayuno le muestra a Dios que estás tomándote en serio tu deseo de ser renovada espiritualmente.

A comienzos del año 1999, durante la semana de la reunión solemne, nuestra iglesia vivió un maravilloso momento en el Señor y se produjeron muchos milagros ante nuestros ojos. Uno de mis pedidos a Dios fue que me librara de la esclavitud del pecado y de la culpa. Él sigue contestándome. Según Isaías 58, cuando ayunamos Dios busca "romper las cadenas de injusticia y desatar las correas del yugo, poner en libertad a los oprimidos y romper toda atadura" (v. 6).

Cuando Dios ve que lo tomamos en serio, hace cosas en nuestra vida que creíamos imposibles. Puede cambiar nuestras circunstancias en el acto porque es el Dios de los milagros. Y si tu vida es como la mía, necesitas un milagro para arreglar el desastre que has hecho por haber jugado en el barro durante tanto tiempo. Para aquellas de nosotras que más ayuda necesitamos, Él hace esta promesa:

Si así procedes, tu luz despuntará como la aurora, y al instante llegará tu sanidad; tu justicia te abrirá el camino, y la gloria del Señor te seguirá. Llamarás, y el Señor responderá; pedirás ayuda y él dirá: '¡Aquí estoy!'... Entonces brillará tu luz en las tinieblas, y como el mediodía será tu noche. El Señor te guiará siempre; te saciará en tierras resecas, y fortalecerá tus huesos. Serás como jardín bien regado, como manantial cuyas aguas no se agotan (Isaías 58:8-11).

Quizás te ponga algo nerviosa escuchar la palabra *ayuno*. Recuerdo estar sentada en el banco de la iglesia, y cuando escuchaba el anuncio relativo a la semana de la reunión solemne, de alguna manera me impacientaba. ¿No cenar? ¿Cómo se suponía que iba a poder hacer eso sin desfallecer?

Por favor, recuerda que el ayuno no es solamente un juego religioso. Tienes que reconocer una gran necesidad espiritual para ayunar con las intenciones correctas. No hay nada milagroso en dejar de comer. Dejar de comer es simplemente estar a dieta. Lo que hace diferente al ayuno es *la razón* por la que dejas de comer. El motivo debe ser una necesidad espiritual.

También podemos optar por hacer un ayuno de televisión, de chocolate, o de cualquier otra cosa que sea agradable para nuestra carne. Si estás casada, la Biblia habla de privarse del sexo para escuchar con más claridad la voz de Dios (1 Corintios 7:5). Tenemos que ayunar de algo que sea importante para nosotras; y para la mayoría, esa cosa importante es la comida. Vale la pena repetirlo: Tu ayuno captará la atención de Dios y podrá ver que de veras quieres cambiar tu vida y quitar las manchas de barro.

ENJUAGUE Y CENTRIFUGADO— ÚLTIMO CICLO

Una vez que hayamos quitado el barro del pasado, tenemos que trabajar para permanecer fuera de él. Qué lamentable sería pasar todo ese tiempo limpiándote, nada más que para volver a caer en otro charco o, lo que es peor, en el mismo charco de antes.

La autora Portia Nelson escribe:

> CAPÍTULO UNO
> *Camino por la calle*
> *Hay un pozo profundo en la acera*
> *Caigo en él*
> *Estoy perdida y sin ayuda*
> *No es mi culpa*

Me lleva mucho tiempo salir de él

CAPÍTULO DOS

Camino por la misma calle

Hay un pozo profundo en la acera

Finjo no verlo

Caigo en él

No puedo creer que esté en el mismo lugar pero

No es mi culpa

Me lleva mucho tiempo salir de él

CAPÍTULO TRES

Camino por la misma calle

Hay un pozo profundo en la acera

Lo veo

Caigo en él

Es un hábito, tengo los ojos abiertos

Sé dónde estoy

Es mi culpa

Salgo inmediatamente

CAPÍTULO CUATRO

Camino por la misma calle

Hay un hoyo profundo en la acera

Lo rodeo

CAPÍTULO CINCO

Camino por otra calle

¿Todavía estás caminando por el mismo lugar? ¿Cuántas veces has caído en el mismo pozo? ¿Estás esperando que el pozo no esté más allí? Puedo garantizarte que sí lo estará. No tratemos más de probarle a Dios que somos lo suficientemente fuertes como para caminar por esa calle sin caer en el mismo error, el mismo obstáculo o el pecado de siempre. No estamos demostrándole nada a Dios, salvo que ignoramos su voz calma y suave.

Un lavarropas se llena de agua y usa el poder del detergente para limpiar la ropa que está adentro. Después de algunos minutos de lavado riguroso y de dar vueltas, el tambor se detiene y el agua comienza a escurrir. Junto con el agua que escurre, también se va la suciedad removida de la ropa durante el proceso de lavado. Luego la máquina vuelve a llenarse con agua nueva y fresca, y limpia la ropa por segunda vez. Si volviéramos a usar la misma agua que la primera vez, nuevamente se depositaría la suciedad que tomó tanto tiempo sacar. Qué pérdida de tiempo sería quitar la suciedad y luego volver a depositarla en la tela. Una vez que se enjuaga con agua nueva, la máquina centrifuga y sacude furiosamente el sobrante de agua sucia. Quiere que todo el remanente del pasado se vaya. El ciclo de enjuague es de suma importancia porque no importa cuánto lavado y blanqueado hagas, no tiene ningún sentido si vuelves a ponerle la suciedad. Tenemos que enjuagar la suciedad y quitarnos todos los restos de barro. No queremos volver a verlo.

Iyanla Vanzant es escritora y consejera altamente preparada que ha sido invitada con frecuencia al programa de Oprah Winfrey. Su libro *In the Meantime* [Mientras tanto], aunque no está basado en principios cristianos, nos ofrece algunos consejos para encontrar el amor que deseamos en nuestra vida y en nuestras relaciones.

Una de las cosas que Vanzant resalta es que las mujeres tienen que ser plenamente conscientes de sus patrones de conducta. ¿Qué haces una y otra vez, y siempre pareces aterrizar en el mismo charco de barro? Para algunas, parte de ese patrón involucra enamorarte locamente de quien no te ama de la misma manera, provocándote pena y frustración. Para otras, el patrón es un deseo de tener cosas que no les corresponde, lo que produce actitudes de celos y envidia. Y otras, siguen el camino del enojo. Son incapaces de desarrollar relaciones sanas porque tienen demasiado enojo contenido; un enojo que no quieren entregarle a Dios.

Este tipo de modelos nos esclavizan y nos quitan nuestro verdadero potencial. El Señor te mostrará tu modelo en cuanto tú se lo pidas. Él dice claramente: "Si a alguno de ustedes le falta sabiduría, pídasela a Dios, y él se la dará, pues Dios da a todos generosamente sin menospreciar a nadie" (Santiago 1:5). Dios se revelará para poder sanar.

$\mathscr{P}$REPARADA PARA LA TORMENTA

He tenido el enorme privilegio de viajar por todos los Estados Unidos y hablar a las mujeres sobre su valor ante los ojos de Cristo. En el proceso, caí en la cuenta de cuán poco nos tenemos en cuenta a nosotras mismas. Me aflijo por convencer a las mujeres de Dios de que ya no necesitan dejar que el barro del pasado les quite la belleza del futuro. Con frecuencia el diablo es más astuto que nosotras en ese sentido. Sabe exactamente hacia qué calle nos dirigimos y, con precisión, qué charco nos hará caer miserablemente y manchará las nuevas ropas que Cristo nos ha dado. Él nos observa, nos conoce de la manera más íntima, y sabe exactamente cómo atraparnos.

Cuando yo participaba en las competencias de porristas de la secundaria, acostumbrábamos mirar cintas de video de nosotras y de nuestras rivales para poder competir con mayor eficacia. Es lo mismo que hace Satanás. Tú y yo estamos en un equipo, y el diablo está en otro. Él y su equipo observan nuestros videos. Se sientan cómodamente y observan el desarrollo de nuestra vida, analizando nuestras fortalezas y debilidades. Las fuerzas de las tinieblas quieren definir de qué manera engañarnos y manipularnos cada vez que les sea posible. ¡Quieren ganar!

El enemigo está intentando decidir hacia qué calle tiene que conducirnos y qué charcos de barro debería tener preparados. Por haber visto las cintas de video de tus actuaciones pasadas y de las mías, sabe que puede lograr algo de nosotras en relación con los celos. Sabe que a algunas puede hacernos tropezar con la inmoralidad. Después de haber visto tu video una y otra vez, sabe que puede atraparte en el fango del orgullo, del descontento o de la culpa. Mirará tu video hasta encontrar alguna manera de derrotarte. Te quiere en el barro y lo quiere ya.

Cuando fuimos salvas, no nos prometieron una vida que solo tendría felicidad. Jamás nos dijeron que no tendríamos que volver a lidiar con charcos de barro. El mundo con todos los problemas que existieron antes de que fuéramos salvas, es el mismo mundo en el que tenemos que seguir viviendo. Todavía somos sensibles a las tentaciones molestas que siempre nos doblegaron.

A veces, Dios permite que nuestras ropas sean manchadas de barro por una única razón: "A fin de conocer a Cristo" (Filipenses 3:10). Él está profundamente interesado en su relación con nosotras, y en ocasiones significará que debamos atravesar algo terrible a fin de valorarlo más. Muchas veces no llegamos a conocerlo hasta que nuestra necesidad es extrema. Es durante ese momento que aprendemos a apoyarnos en Él y sabemos de qué estamos hechas. Algunas creemos ser maravillosamente espirituales. Sin embargo, cuando aparecen las tormentas de la vida, somos arrastradas rápidamente.

Dirijo un pequeño grupo de estudio bíblico en la Universidad Metodista del Sur de Dallas. Todos los lunes por la noche, me reúno con un grupo de chicas y pasamos un rato compartiendo la Palabra y orando juntas. Antes de comenzar, a menudo tenemos un momento de alabanza al Señor, en el cual compartimos las cosas asombrosas que Dios ha hecho por nosotras.

Cierta noche escuché una historia interesante de una estudiante llamada Elaine. Poco tiempo atrás, ella y su familia habían hecho un viaje a Mississippi para visitar algunos parientes. El clima estuvo feo durante toda su estadía, y tuvieron la precaución de calcular el tiempo para poder manejar sin apuro en su regreso a casa, dada las terribles condiciones. Habían escuchado que un sistema de tormentas estaba provocando tornados, pero confiaban que podrían superarlos. Comenzaron su regreso a Dallas. Aunque efectivamente superaron los tornados, se encontraron con grandes inundaciones en el camino.

Elaine nos compartió el miedo que había sentido al ver algunos autos pequeños arrastrados por la corriente. Los vehículos pequeños no eran lo suficientemente pesados como para mantener las ruedas en el pavimento cuando los alcanzaba el agua. Elaine estaba asustada, pero se sentía bastante segura porque solo tres semanas atrás, habían comprado una Chevrolet Suburban. Su gran camioneta 4x4 estaba bien preparada para ese tipo de condiciones. Aunque por momentos sentía que iban flotando, en lugar de circular por la ruta, gracias al tamaño y gran peso, la camioneta no fue arrastrada.

A menudo, es así nuestra vida espiritual. Siempre podemos evaluar si nuestra relación con el Señor es la adecuada, observando la manera que enfrentamos las inundaciones. Quizás tengamos un estilo de vida tipo auto deportivo: son bonitos y llamativos y arrancan en un instante, pero cuando llega la tormenta, los arrastra con facilidad. Los preciosos autos deportivos no están hechos para dominar las tormentas de la vida. El Señor quiere edificarnos como camionetas resistentes que puedan soportar la prueba de un terreno rocoso y de aguas turbulentas.

PELEANDO PARA GANAR

En realidad, nuestra batalla no es contra cosas tangibles. Gálatas 5:17 dice que nuestra carne y nuestro espíritu están en guerra uno contra el otro y ambos luchan por ganar. La Palabra de Dios explica que la carne le impone su deseo al espíritu, y el espíritu lucha contra la carne. Esta batalla sobre tu persona y tu autoestima no es un paseo por el parque; es una lucha a muerte. Si gana el Espíritu de Dios, habrás ganado la capacidad de experimentar vida abundante aquí y ahora. *Pero no tomes la batalla a la ligera.*

La lucha se nos hace más visible cuando estamos al borde de un charco de barro y a punto de tomar una decisión. ¿Cuál será nuestra elección: dar media vuelta y caminar por otra calle o volver a revolcarnos en el barro como lo hemos hecho tantas otras veces? Estamos en el límite, argumentando y debatiendo, y por lo general nos resulta difícil dejar a un lado nuestros sentimientos y hacer lo que sabemos que está bien.

Nuestra mente corre de acá para allá entre el bien y el mal. Por un lado escuchamos las palabras que nos decían nuestros padres cuando éramos niños, cuando nos aconsejaban que miráramos a Jesús. Pero cuando miramos ese barro, parece tan tentador... Por un instante parece no importar demasiado que vaya a manchar nuestros costosos vestidos reales. Todo nos dice que el barro se sentirá *tan bien*. Nos debatimos entre la curiosidad y la virtud. ¿Qué hacemos? ¿A quién le dejamos ganar la pelea? ¿Quién logra la victoria esta vez?

Muchas veces, la lucha ha sido abrumadora para mí. Me he puesto a llorar porque el deseo de hacer lo malo me tienta de una manera increíble. Pablo escribe sobre su lucha en Romanos 7:

> *Yo soy meramente humano, y estoy vendido como esclavo al pecado. No entiendo lo que me pasa, pues no hago lo que quiero, sino lo que aborrezco. Ahora bien, si hago lo que no quiero, estoy de acuerdo en que la ley es buena; pero, en ese caso, ya no soy yo quien lo lleva a cabo sino el pecado que habita en mí. Yo sé que en mí, es decir,*

en mi naturaleza pecaminosa, nada bueno habita. Aunque deseo hacer lo bueno, no
soy capaz de hacerlo. (Romanos 7:14-18)

Pablo, el piadoso y fiel apóstol, explica en este pasaje con cuánta desesperación quiere hacer el bien. Él anhela vivir una vida santa y aceptable a los ojos de Dios. Pero no puede. Algo sigue tirando de él y lo provoca a hacer exactamente las cosas que no quiere hacer. Yo me he sentido así muy a menudo, ¿tú no?

¿Por qué pasa esto? ¿Por qué eres tan fácil de llevar por el mal camino, atrapada por cosas mundanas, injustas o viciosas? Pablo dice que la "carne" tiene un poder sobre nosotros que se niega a soltarnos. Aunque deseamos librarnos para siempre del barro, parece que no podemos hacerlo. La carne es la culpable. Si bien una vez que aceptamos a Cristo volvemos a nacer y la justicia ahora vive en nosotros, todavía estamos rodeados por nuestra capa externa que está infectada por la enfermedad del pecado.

La carne nos cubre; va con nosotros donde quiera que vayamos. No podemos huir ni escondernos de ella. Mientras estemos en este mundo, estaremos ligados a nuestro cuerpo carnal. Y la única manera de vencer a la carne es con un espíritu más fuerte. La única forma de superar las demandas y las tentaciones de la carne es tener un sistema interior que sea más fuerte que el exterior.

Fallamos miserablemente porque nuestro espíritu es vencido por el poder de la carne. Es así de simple. Podemos hablar todo lo que queramos sobre vivir la victoriosa vida cristiana, pero si la carne es un monstruo gigante que pisotea nuestro endeble y desnutrido espíritu, seremos derrotadas una y otra vez.

Hay una razón extremadamente importante para que nuestra carne sea tan fuerte: la alimentamos demasiado bien. Suponte que tienes dos mascotas. A una la alimentas con comidas excelentes y saludables y te aseguras de que descanse bien. Pero te niegas a alimentar a la otra, y no le das ninguna de las cosas que necesita para estar sana. Pronto verás que una será más fuerte que la otra. Eso no ocurre porque una haya nacido con mejores genes o un potencial de crecimiento; sucede porque a una le prestas atención y a la otra la ignoras.

De la misma manera, pasamos tanto tiempo atendiendo a la carne, que se vuelve fuerte y dominante. Después nos preguntamos por qué fallamos en nuestra vida espiritual. Miramos todo tipo de películas y nos llenamos la mente con la basura que leemos en esas novelas románticas que nos encantan, y después nos preguntamos por qué seguimos cayendo en la inmoralidad sexual. Durante nuestro tiempo libre nos la pasamos dando vueltas por el centro comercial, mirando toda clase de artículos costosos, y después nos preguntamos por qué nuestras tarjetas de crédito están al límite y nuestra economía es un desastre. Ensayamos argumentos y alimentamos rencores, y luego nos preguntamos por qué seguimos teniendo confrontaciones desagradables con las personas. Es que sencillamente estamos alimentando nuestra carne e ignorando nuestro espíritu. Tenemos que revertir la situación nutriendo nuestro espíritu mediante la oración, el ayuno y la lectura bíblica constante, y a la vez, matar de hambre a la carne para que no pueda vencernos.

Este proceso de privar a la carne y buscar el corazón de Dios se llama "andar en el Espíritu". Suena bastante simple, pero requiere de una búsqueda de Dios y su justicia en todo momento, a toda hora, día a día. Recuerda que se está librando una batalla y que, como dice Gálatas 5:16 y 25: "Vivan por el Espíritu, y no seguirán los deseos de la naturaleza pecaminosa" y "Si el Espíritu da vida, andemos guiados por el Espíritu".

Caminar es uno de los elementos más importantes de la actividad física. La mayoría de las personas lo hacen a diario. Después de varias semanas de caminata, aprendemos a hacerlo bien y rara vez pensamos en lo que estamos haciendo: nos sale naturalmente. Caminamos poniendo un pie delante del otro. De la misma manera aprendemos a andar en el Espíritu. Nuestra meta es que se vuelva tan rutinario que seamos capaces de hacerlo en forma natural. Tenemos que aprender a caminar en fe dando un paso espiritual tras otro.

Cada vez que enfrentemos un desafío espiritual o alguna tentación que podría destruirnos, en ese momento tenemos que poner toda nuestra fe en Cristo y en su promesa de que no existe ninguna tentación que no sea común al género humano (1 Corintios 10:13). Y cuando aparezca otra tentación a pecar, debemos poner toda nuestra fe en Cristo y en su promesa de que nunca permitirá algo que no podamos soportar.

Este proceso de andar en fe es un sistema continuo de poner toda nuestra fe en un paso espiritual a la vez. Descubriremos que al hacerlo, alcanzaremos un mayor progreso espiritual. Gálatas 5:16 no dice correr, saltar o brincar, sino *andar* en el Espíritu. Dios quiere que pongamos toda nuestra fe y confianza en Jesús, un paso a la vez.

Nuestro objetivo es renegar de la carne, aprender a caminar espiritualmente de una manera tan natural que, con el tiempo, requiera cada vez menos esfuerzo. Aunque esa es la meta, tengo una noticia alarmante para ti. *Es imposible no luchar contra la carne mientras estemos en el mundo.* Siempre tendremos que mantenernos competentes en nuestro andar en el Espíritu. Pablo se frustra tanto, que en Romanos 7 dice: "¡Soy un pobre miserable! ¿Quién me librará de este cuerpo mortal?" (v. 24). Él se pregunta si alguna vez podrá librarse de la esclavitud del pecado. Se parece a muchos de nosotros, cansados de vernos en un charco de barro.

Probablemente estés pensando: "De acuerdo, Priscilla, eso suena genial. Yo hago lo mejor posible mientras esté en el mundo, pero no podré vencer este asunto de la carne hasta que llegue al cielo. Entonces, ¿qué pasa con el día de hoy? Necesito algo para el aquí y *ahora*".

Tengo grandes noticias: Romanos 7 termina con la garantía de que a través de Jesucristo, nuestra lucha con la carne culminará cuando lo veamos cara a cara. Pero Romanos 8:1-2 sigue diciendo: "Por lo tanto, *ya* no hay ninguna condenación para los que están unidos a Cristo Jesús, pues por medio de él la ley del Espíritu de vida me ha liberado de la ley del pecado y de la muerte". ¡Amén! Tú y yo tenemos ahora todo lo que necesitamos para mantenernos a flote hasta el día en que lo veamos cara a cara.

ℰN BUSCA DE VERDADERAS PIEDRAS PRECIOSAS

Existe un gran parecido entre una mujer que emerge de un charco de barro y una joya fina sacada del corazón de la tierra. Las piedras preciosas se encuentran debajo de la superficie de la tierra, a menudo en las minas oscuras y fangosas. Una joya recientemente descubierta no luciría tan atractiva si la vieras antes de que la tomaran las manos de un maestro joyero. Puede ser confundida con una roca o un puñado de suciedad, hasta con un pedazo de barro seco. Pero un joyero, capaz de determinar dónde están sus defectos, cómo tallarla, darle la mejor forma posible y pulirla para volverla más deslumbrante, reconoce su valor en el momento que la ve. Finalmente la limpia, la pule, la corta, la valoriza y la prepara para un hermoso engarce en un collar, un anillo o una corona.

Las joyas de imitación no atraviesan el mismo proceso que las genuinas. Las hacen de a miles, así que no son nada extraordinarias. Son idénticas entre sí, para nada exclusivas. No son cuidadosamente analizadas antes de ser cortadas y pulidas, porque no hay nada especial en ellas.

Las mujeres de Dios que embellecen su corte son extraídas de la tierra con gran expectativa y gozo. Debido a que el Joyero reconoce una piedra preciosa al verla, cada una de nosotras es identificada como un tesoro incalculable. Luego, comienza el trabajo. Si todavía estás un poco embarrada, no te desesperes. El Rey ve lo que hay oculto debajo del barro. Él está trabajando en tu vida para hacerte brillar como una estrella. Ahora está trabajando en tu vida y seguirá puliéndote y perfeccionándote mientras vivas. Y "el que comenzó en vosotros la buena obra, la perfeccionará hasta el día de Jesucristo" (Filipenses 1:6, RVR60). El Rey Jesús sabe que tú no eres una imitación. Él mismo te hizo y tú eres auténtica.

Piensa en lo siguiente

✠

*Haz una lista con los pecados o experiencias
pasadas que no te hayas perdonado.*

✠

*Haz una lista de las personas a las que no hayas
perdonado por lo que te hicieron.*

✠

*Si has estado en pecado,
¿todavía sigues participando en él de alguna manera?
Explícalo.*

✠

¿Qué pasos concretos puedes dar para caminar por otra calle?

✠

¿Crees de verdad que Dios te ha perdonado y te ama porque eres su hija?

✠

¿De qué forma permites que la carne venza al Espíritu en tu vida?

✠

*¿De qué cosa importante ayunarías para poder salir del charco de barro
y limpiarte de las manchas?*

Oración
de entrega

Padre, sé que me amas y que estás dispuesto a perdonarme por las cosas que hice en contra de tu voluntad. Reconozco que soy una pecadora y que he participado deliberadamente en cosas que no te agradan. Padre, también reconozco que no entiendo por qué me sucedieron cosas como _____ _____, _____ _____ y _____ _____, pero te las entrego.

A veces chapoteo en el barro de mi pasado, y sé que es una herramienta del diablo para mantenerme derrotada. Quiero darme cuenta de todo el potencial que tengo en ti y, por consiguiente, de cualquier cosa a la que me esté aferrando y que no te agrade. Perdono a _____, ___ _____ y a _____ . Ellos me han lastimado, pero son tus hijos. Te pido que me ayudes a limpiar mi corazón de toda amargura, enojo y resentimiento hacia cualquiera que me haya causado dolor en el pasado. Sé que la única manera de florecer en ti es saliendo del barro, permitiéndote que me purifiques, que cambies mis vestidos y reorientes mi camino. Hoy tomo este compromiso. Te pido que honres mi decisión y me guíes con tu poder.

En el nombre de Jesús, amén.

Fecha de hoy:

_____

CAPÍTULO 6

JOYAS RESERVADAS

$\mathcal{E}$L FACTOR DE LA RELACIÓN

Había dos lágrimas flotando en el río. Mientras flotaban río abajo, conversaban entre ellas. La primera le preguntó a la segunda:

—¿De dónde vienes?

Y la otra respondió:

—Caí de los ojos de una mujer que amaba a un hombre y lo perdió.

La segunda lágrima le preguntó a la primera de dónde venía, y ésta le respondió:

—¡De los ojos de la chica que se quedó con ese hombre!

¿Qué causa mayor daño a la autoestima de una mujer? ¿El abuso, el rechazo paterno, las decisiones inmorales, el fracaso económico, el divorcio, la enfermedad o la pérdida de la figura? De todos los daños posibles, ciertamente la relación infeliz con un hombre es el ladrón número uno de la autoestima femenina. Una relación dolorosa con un hombre puede robarnos nuestro sentido de valor. Y créeme: sé que es verdad.

Las mujeres han sido creadas para estar en relación. El Señor dijo en Génesis 2:18: "No es bueno que el hombre esté solo. Voy a hacerle una ayuda adecuada". Cuando Dios decidió darle al hombre un poco de ayuda para cuidar del Jardín, creó a la mujer. La principal razón de nuestra existencia es estar en relación con el varón.

Desde luego, el movimiento feminista nos inculcará lo contrario. Las activistas femeninas nos alientan: "Toma tus propias decisiones, haz tu vida y jamás permitas que un hombre te frene". Pero la Biblia deja en claro desde el comienzo que nuestro propósito fundamental es estar al lado de un hombre y ayudarlo.

Precisamente por eso es que salir con chicos y tener novios puede convertirse en un ciclo tan doloroso para nosotras. Anhelamos estar en una relación en la cual seamos necesitadas, amadas y apreciadas. Pero lo irónico, lo único para lo que fuimos creadas, lo que más queremos, es lo mismo que muchas veces contribuye a nuestra baja autoestima.

Una de las razones por la que esto ocurre es la forma en que nos preparamos para las relaciones. La mayoría de nosotras no pasa tiempo leyendo la Biblia, meditando y orando, pidiéndole sabiduría a Dios, a la espera del hombre que Él nos ha elegido. En lugar de eso, leemos novelas, vamos al cine o nos enganchamos con telenovelas. Creemos en un mundo de fantasía, y secretamente esperamos que un día este se convierta en un retrato de nuestra vida.

Miramos esos romances calientes y eróticos de la pantalla y entonces vemos a nuestros novios o maridos con desprecio. Los hombres tremendamente apuestos de esos programas saben de romance: inundan a las mujeres con su encanto, flores, golosinas y palabras elocuentes, y ellas caen a sus pies. Mientras tanto, pareciera que la mujer nunca envejece, aun cuando ya tuvo cuatro hijos y tres nietos, nunca hace gimnasia, cena todas las noches afuera y va por su quinto matrimonio. Nos identificamos tanto con estos personajes de la ficción que terminamos queriendo ser como ellos. Luego, cuando la vida se queda corta ante nuestras expectativas irreales, nos sentimos miserables.

UNA PENA SUMAMENTE PERSONAL

Tiempo atrás tuve una relación con un hombre a quien yo consideraba el mayor regalo que Dios me había dado. Kenneth era maravilloso. Era inteligente, atractivo y piadoso. Como en mi caso, su pasión era el ministerio, y me parecía el candidato perfecto. Nos conocimos durante el último año de la secundaria y volvimos a encontrarnos cuando yo estaba en la universidad de Houston estudiando periodismo para radio y televisión.

Kenneth era la locura de las chicas. Todas pensaban que era lo más asombroso que habían visto. Estaba en el grupo más popular. Era amable y guapo y casi todas las chicas querían salir con él.

Durante mi primer año como estudiante universitaria ingresé al concurso de belleza de la Señorita Negro y Oro. Dado que la fraternidad de Kenneth patrocinó el concurso (el negro y el dorado representaban los colores de su club), pasé mucho tiempo con los integrantes en los ensayos generales y en las reuniones. Fue divertidísimo, especialmente después de que gané el concurso. Esto significó viajar con los compañeros de la fraternidad y hablar mucho con ellos. También pasé a la siguiente fase del concurso, que era una competencia a nivel estatal. Gané ese concurso, y el regional, y quedé como subcampeona del concurso nacional.

Todos estos viajes me acercaron más a los chicos de la fraternidad. Eran como mis hermanos mayores, todos excepto Kenneth. Él y yo empezamos a "gustarnos". Pasábamos juntos una buena cantidad de tiempo, pero nuestra relación duró nada más que un mes antes de que él decidiera pasar a otras cosas. Yo era una novata y él era "el gran tipo de la universidad". Yo creía ser alguien en verdad, y él me encantaba. Pero aunque me partió el corazón, seguí adelante y salí con otros chicos, y él también con otras chicas.

A comienzos de mi último año en la universidad, Kenneth regresó a mi vida dispuesto a ganar mi corazón. Para entonces, yo tenía reglas más estrictas cuando se trataba de salir con alguien, y estaba decidida a que las respetara. Cuando quiso que la cosa fuera en serio, le dije que tendría que ir a Dallas a hablar con mi padre.

Déjame que te diga: no es poca cosa hablar con Tony Evans para salir con una de sus hijas. Pero Kenneth fue hasta Dallas para ver a mi padre, y yo estaba impresionada. Me regaló rosas e hizo todas las cosas que haría un chico para darme a entender que me tomaba en serio. Se ganó mi corazón y empezamos a salir. Era una relación emocionante, y estaba segura de que acabaría en matrimonio.

Poco tiempo después de que comenzara nuestra relación, Kenneth me dijo que se sentía seguro de haber sido llamado para el ministerio. Eso me emocionó y me asustó. Estaba emocionada porque trabajaríamos juntos para el Señor, ¡y asustada porque seríamos pobres! Sobre todo, estaba conmovida y orgullosa de estar de novia con el hombre más increíble que había conocido.

Después de mi graduación, tuvimos que tomar algunas decisiones. Ya había estado pensando en el seminario, y ahora él también estaba haciéndolo. Estaba segura de que mi elección era el Seminario Teológico de Dallas, pues era el alma máter. No había otra cosa que decidir, salvo si tenía que empezar la universidad al semestre siguiente, o esperar hasta la primavera.

Kenneth tenía que decidir cual sería el mejor seminario para él. Yo realmente esperaba que eligiera Dallas, y después de mucha deliberación, lo hizo. Ambos nos mudamos a Dallas y comenzamos. Él se anotó en una carrera en teología de cuatro años, mientras yo lo hice en una de dos años en estudios bíblicos. Estaba emocionada por el hecho de que estuviera cerca de mí y de que pudiéramos avanzar juntos hacia el matrimonio.

Dos meses después de comenzar nuestros estudios, Kenneth rompió conmigo. Me explicó que no estaba seguro de querer casarse. Tan solo un mes atrás se había mostrado tan contento. Yo había escrito en mi diario:

6 de septiembre de 1996 – *Kenneth se mudó aquí hace una semana. Nos está yendo realmente bien. Fuimos a un encuentro con su familia y estuvo tan lindo.*

El día que rompimos, escribí:

11 de octubre de 1996 – *La vida es interesante. Pero hay que pagar un precio. Hoy, Kenneth y yo terminamos porque él no está dispuesto a avanzar en nuestra relación. Ahora tiene un romance con el seminario, y yo no encajo, y quizás nunca lo haga. Realmente lo amo y quiero casarme con él, así que me pregunto cómo se resolverá esto.*

De este modo, comenzó una cadena de rupturas que siguió a lo largo de los dos años de mi estadía en Dallas. Kenneth no tenía la intención de lastimarme. Pero ocurría que él estaba absorbido por otras cosas, y yo no entraba en ese cuadro. ¿Por qué querría una mujer salir con alguien que le dejaba en claro que no era el momento adecuado? Pero eso es exactamente lo que yo hice.

17 de marzo de 1997 – *Es un nuevo año. Ha pasado mucho tiempo. Kenneth y yo hemos vuelto a romper. Básicamente, se trata del mismo tema: el matrimonio. Lo extraño tanto. Estoy muy dolida porque lo amo más que a nadie. Lo extraño, pero estoy segura de que el Señor sabe qué es lo mejor para mí. Estoy tratando con todas mis fuerzas de ser paciente y no llamarlo.*

8 de abril de 1997 – *Finalmente Kenneth y yo hemos conversado y hemos vuelto a salir. Las cosas están en buenos términos entre nosotros.*

14 de mayo de 1997 – *Hoy leí todo el libro de Elizabeth Elliot, Pasión y pureza. Fue sorprendente. Extraño tanto a Kenneth, pero el Señor me ha mostrado a través de ese libro que estoy completamente equivocada en cuanto a mi relación con él. Siempre soy yo la que vuelve, siempre. No es así como se supone que deba ser. Es como que Kenneth ha tratado de dejar de hablarme, y no sé cómo actuar. Lo llamé hace tres días y, desde entonces, no hemos hablado. Le dije que lo extrañaba. Ese no es un misterio. Él*

sabe perfectamente bien que lo extraño. Me llamó hace algunas semanas para decirme que no me amargara por él. Sé que todavía se preocupa por mí, pero parece cerrado. Eso me vuelve loca. Pero el estar sola me lleva a Dios, y eso es lo que Él quiere. Estar a solas con Cristo, ¡qué fenómeno! Pierdo el sentido de mi valor cuando me ocurren cosas como esta: empiezo a pensar en todas las razones por las que Kenneth no quiere llamarme o estar conmigo. Atravieso tantos cambios, miles a la vez. La semana pasada le dije a Kenneth que necesitaba hablar con él. Yo estaba segura de que volvería conmigo. No lo hizo. Eso me lastima tanto. Me pregunto qué estará pensando y haciendo en este momento. Es una tortura no saber qué nos depara el futuro. Pero la tortura se produce al no confiar en que Dios nos conoce.

Durante el verano de 1997, hice un viaje de seis semanas a Carolina del Norte. Estaba devastada por mi relación con Kenneth. Pero todavía me aferraba a la esperanza de que volviéramos a estar juntos.

25 de junio de 1997 – *Todavía estoy orando por mi relación con Kenneth. Todavía me encantaría casarme con él. Antes de irme de viaje a Carolina del Norte el 4 de junio, me besó y me dijo que me amaba. Me llamó para averiguar cómo estaba. Hemos hablado muchas veces. Seguiré orando mientras esté aquí.*

25 de julio de 1997 – *Volví a Dallas. Hace dos semanas Kenneth me dijo que no tenía dudas de que yo era la esposa para él. Estábamos almorzando en el comedor de la iglesia el 10 de julio. Hablamos y me dijo que soy la indicada para él. Me dijo que está pensando en mudarse a Washington y empezar una iglesia y me quiere allí con él para servir en el ministerio. Traté de mantener la calma, pero en realidad quería saltar de la emoción. Es lo que estaba esperando escuchar. ¡Todo el tiempo que estuve en Carolina del Norte, oré para que a mi regreso, algo así sucediera! Esto es exactamente lo que quería, pero desde entonces, no he sabido de él. Todavía está muy distante. Aún no lo llamé y me estoy derrumbando lenta pero definitivamente. He ido dos veces a la escuela donde trabaja con otros estudiantes del seminario, preguntando "si alguien quiere ir a almorzar", pero lo único que realmente quería era verlo a él.*

En verdad me estoy desmoronando. Hoy lo vi y actuó de una manera superindiferente, así que le pedí que me dejara libre si iba a ignorarme. Desde luego, dijo que no lo estaba haciendo. Supongo que desde que se confesó delante de mí, yo esperaba que las cosas cambiaran y que, de alguna manera, se arreglaran. No es lo que parece que sucederá. Pero de todos modos, ha vuelto mi entusiasmo. Me dijo que el Señor le mostró claramente que yo soy la mujer para él. Hemos hablado un poco acerca de tener hijos y cosas por el estilo. Dijo que ninguna mujer se interpondría entre él y yo. Me dijo que cuando me propusiera matrimonio, si yo no estaba preparada, él esperaría hasta que lo estuviera. ¡Yo me sentía en el séptimo cielo!

1 de agosto de 1997 – Kenneth y yo hemos viajado a Houston para visitar a su familia. La pasamos bien. Me dijo que me ama mucho.

4 de agosto de 1997 – Kenneth y yo discutimos cuando regresábamos a casa luego de visitar a unos amigos. Dice que ya no tenemos que estar juntos. Eso me pone tan triste. Como que perdí los estribos, porque siempre quiere que nos separemos. Cuando hay un problema, su solución es terminar la relación. Parece que no me ama lo suficiente como para esforzarse por nada.

5 de agosto de 1997 – El día de hoy ha sido terrible para mí, pero estoy decidida a no llamarlo. Hoy a las 12:30 del mediodía, recibí un mensaje de él diciendo que quería verme más tarde. Pasó a buscarme y me llevó al lago Bachman. Me pidió perdón y dijo que quería volver a escucharme y entender de verdad todas mis quejas. Se las dije. Él las escuchó. Reconoció sus errores y en qué es débil y terco, y me explicó que cuando me dice que no tenemos que estar juntos, no quiere decir que sea algo definitivo, sino por ahora.

Durante dos horas caminamos alrededor del lago y conversamos. Me explicó que quería estar solo durante dos años y al cabo de ese tiempo, casarse conmigo, después de haber pasado algo de tiempo a solas con Dios. Puedo respetar esa decisión. Kenneth sabe y cree que soy su esposa. Yo creo que él es mi esposo. Pero durante los dos próximos años quiere que estemos separados para poder ocuparse de sus asuntos y yo de los míos. Yo lo amo y siento que dos años es demasiado tiempo. Tal vez estoy preocupada por la posibilidad de perderlo. ¿Y por qué no quiere casarse conmigo ahora? ¿Qué tengo de malo para que no me quiera ahora? ¿Qué se supone que haga yo los próximos dos años?

Kenneth parecía incapaz de decidirse en cuanto a mí. Dejaríamos de salir por un tiempo y luego él volvería a mí de nuevo. Era obvio para mí y para los demás que eso no funcionaba.

Estaba claro que no me amaba de la manera que debía. ¿Pero por qué me permitía que me lastimara, decepcionara y defraudara una y otra vez? Estaba desperdiciando un tiempo demasiado valioso que debería haber usado para aprender y prepararme para el ministerio.

9 de agosto de 1997 – Es sábado y he decidido que hoy será un día de ayuno y oración. Quiero que el Señor me hable de las cosas que tengo que cambiar en mi vida y lo que tengo que hacer para convertirme en una persona más consagrada. También estoy orando para recibir instrucciones respecto a mi relación.

Me pasé la mayor parte de ese semestre orando por Kenneth. No me hablaba, a pesar de su promesa de que algún día sería su esposa.

18 de agosto de 1997 – Son apenas las 10:28 de la mañana y ya he llorado cinco veces.

29 de agosto de 1997 – Esta mañana me desperté pensando en Kenneth. De hecho, tuve un sueño feo sobre él y me desperté con náuseas en el estómago, y no pude volver a dormirme. Lloré mientras corría por el sendero esta mañana. Acabo de llamar a Kenneth. Siento que cometí un gran error al hacerlo. Le pregunté si podíamos encontrarnos esta noche. Dijo que sí. No puedo creer que me esté volviendo loca por un hombre que no me quiere. Esto es terrible. Supongo que las cosas no deberían ser así.

3 de septiembre de 1997 – Hoy ha sido patético. Ahora no puedo dejar de llorar. Hoy vi a Kenneth y otra vez me trató con frialdad. Esto me lastima tanto. Me postré y lloré a lágrima viva delante del Señor. Me estoy perjudicando demasiado. Espero que Dios se manifieste pronto con algún milagro.

6 de septiembre de 1997 - ¡Mantén en alto tu cabeza, Priscilla! Eres una joya preciosa que está siendo refinada por Dios, preparándote para toda una vida con Kenneth.

11 de septiembre de 1997 – Deja de esforzarte y verás la salvación del Señor.

18 de septiembre de 1997 – Kenneth todavía está bastante distante. Me duele, pero supongo que lo superaré. Me preocupo mucho por él.

30 de septiembre de 1997 – Definitivamente, no soy una persona de esperar con gracia. He estado enseñándoles a las chicas de mi grupo de estudio bíblico que esperen, pero no creo que yo lo esté haciendo bien.

4 de octubre de 1997 – *Kenneth y yo pasamos un rato juntos anoche. Fuimos a una velada en la escuela y luego charlamos hasta las seis de la mañana. La mayor parte del tiempo fue sobre el ministerio, pero también hablamos de nosotros. Es bueno estar hablando con él nuevamente.*

5 de octubre de 1997 – *Hoy Kenneth me llamó y pasamos un rato con algunas personas de su iglesia. Fue divertido. Después de la iglesia, salimos a comer con esos amigos. Me pregunto si el Señor estará tratando de abrirnos la puerta nuevamente.*

7 de octubre de 1997 – *Dios está diciéndome que haga su voluntad, y eso significa renunciar a Kenneth en este instante. Eso me frustra en gran manera porque quiere decir renunciar a Kenneth por completo y esperar que Dios me lo devuelva. Pero no me lo devolverá hasta que no haya renunciado a él. Anoche lloré mucho. Hoy estoy tomando la decisión de renunciar a él durante seis meses y ver qué hace el Señor.*

29 de octubre de 1997 – *Esperaba que esto no sucediera. Acabo de decidir dejar que Dios trabaje conmigo durante estos seis meses y, a que no adivinas, Kenneth ha empezado a llamar y quiere que salgamos y todo lo demás. Últimamente ha querido conversar mucho sobre matrimonio. Él saca el tema.*

4 de noviembre de 1997 – *Kenneth y yo hemos pasado juntos un fin de semana en Houston. Ha sido un tiempo espectacular. El sábado a la noche, tuvimos una conversación seria sobre nuestra relación. Dijo que quiere que yo considere seriamente casarme con él antes de su último año en la universidad. El 31 de diciembre (mi cumpleaños), quiere que tomemos una decisión final acerca de si nos casaremos o no. Se supone que realmente estaremos orando por este tema los próximos dos meses. Fue buenísimo tener esta charla con él. El corazón se me cayó al piso. Yo ya sé que quiero casarme con él. No necesito dos meses de oración para eso.*

13 de diciembre de 1997 – *Kenneth y yo somos un desastre. Esto está convirtiéndose en un circo. Hoy se casaron unos amigos nuestros. Después de la boda tuvimos una discusión porque él actuaba de una manera rara. Dijo que se sentía incómodo con nuestra relación. Los votos del novio para su novia estuvieron espectaculares. ¿Por qué Kenneth no quiere hacer esos votos conmigo? ¿Qué hay de malo en mí? No puedo imaginarme caminando hacia el altar con otro hombre. De todas maneras, hablamos después de la boda y me dijo que necesitamos separarnos. No podía creer lo que estaba*

escuchando. Ahí estaba yo a punto de decirle al hombre de mis sueños que me casaría con él, a solo dos semanas de la fecha para tomar la decisión, y él quiere que nos separemos. Kenneth y yo hemos terminado. Él no quiere tomar la decisión el 31.

23 de enero de 1998 – *Hoy Kenneth me dijo que ya no siente lo mismo por mí. Básicamente me dijo que ya no me ama. ¡Guau!*

¿Cuál era el problema aquí? ¿Por qué seguía aferrada a Kenneth con tanta desesperación? ¿Por qué parecía no importarme que el hombre al que yo amaba no me valorara como a un rubí? Mirando hacia atrás, la respuesta es simple: yo no me valoraba. Ese era el problema. No me estimaba lo suficiente como para reconocer que merecía la clase de amor que se supone que un hombre cristiano debe tener por una mujer. La Biblia dice que el marido debe amar a su mujer como Cristo ama a la iglesia (Efesios 5:25). Eso quiere decir que tiene que amarla hasta la muerte. Kenneth ni siquiera era capaz de amarme seis meses seguidos. ¿Cómo podría haber esperado que me amara toda la vida? Él no era capaz de amarme porque yo no era la persona para él. Mi actitud persistente me impedía ver eso.

Recuerdo haber pensado que realmente no me importaría no ser apreciada con la condición de que Kenneth fuera mío para siempre. Cuando este pensamiento se me metió en la cabeza, yo tendría que haberme dado cuenta de que tenía un gran problema. Hermana, ¿te das cuenta de que tú y yo merecemos lo mejor simplemente porque Cristo lo dice? Seguramente que no querrás nada menos que lo que Él dice que debemos tener.

Tú puedes aprender de mis errores: controla tu sentido de autoestima dando una mirada fría y dura a tu relación. ¿Estás conformándote con menos que lo mejor? Tú eres una joya en la corona de Cristo, y mereces ser tratada con dignidad.

Durante esos momentos terribles, yo experimentaba un temor que muchas mujeres tienen, especialmente aquellas de la comunidad afroamericana. Tenía mucho miedo de no poder encontrar un hombre mejor que Kenneth. No solo era un cristiano, sino también un hombre que crecía espiritualmente y estaba completamente entregado a Dios y al ministerio. Era sumamente apuesto y solicitado por muchas mujeres. Además, habíamos compartido varios años de la vida y me conocía bien. Tenía miedo de no volver a encontrar un hombre tan galante, consagrado y maravilloso como Kenneth.

Hay más hombres afroamericanos en la cárcel que en la universidad. Las estadísticas dejan bien en claro que las probabilidades para una mujer afroamericana de buena educación, piadosa y atractiva, de encontrar un hombre de tales características son bastante escasas. Este tipo de estadísticas harían que cualquier mujer lo pensara dos veces antes de rechazar a un hermano que "¡por lo menos es salvo!"

Si en verdad creemos que Dios es real y omnipotente, si honestamente creemos que ha planificado nuestra vida antes de la creación del mundo, las estadísticas no tendrían que atemorizarnos. Si tenemos miedo de esperar que Dios nos dé lo mejor, entonces no creemos realmente que hará lo que promete.

Quiero decir, ¡hablemos en serio! Parecemos espirituales y andamos por la calle con nuestras enormes Biblias. Todos los que nos conocen saben que somos cristianas; hasta damos algún testimonio. Pero cuando la situación nos apremia, nuestra falta de paciencia solo quiere decir que todas esas grandes palabras no son más que eso... *palabras*. En realidad no creemos que Dios pueda lograrlo.

"CRUCEMOS AL OTRO LADO"

Hace poco volví de un viaje de diez días por Israel, durante el cual vi que la Biblia volvía a cobrar vida. Tuve la oportunidad de cantar en el Huerto de Getsemaní. Visité el Calvario, donde murió Jesús, y participé en cultos de alabanza en el Monte de los Olivos y en la tumba vacía. Todo fue magnífico.

Pero uno de los momentos más memorables de mi viaje fue un recorrido en bote que hice a través del Mar de Galilea. Comenzó en el sitio donde Jesús les dijo a sus discípulos: "Crucemos al otro lado" (Lucas 8:22). Cuando se levantó la tormenta ese día y el mar se volvió tumultuoso, los discípulos se asustaron. Se impacientaron con Jesús porque estaba dormido. Le dijeron: "¡Maestro, Maestro, nos vamos a ahogar!"

Reflexioné sobre este incidente, y me di cuenta de que hay algo importantísimo sobre esta cuestión. Los discípulos llamaban "Maestro" a Jesús. Ahora, si ellos realmente creían que era el Maestro, ¿hubieran cuestionado su actitud de dormir en el medio de la tempestad? Si realmente creían que era el Señor, tendrían que haberle creído cuando dijo: "Crucemos al otro lado".

Cuando me senté en un bote en el Mar de Galilea, me di cuenta de algo que me quedará grabado para siempre en la mente. ¡El Mar de Galilea no es tan grande! Puedes ver con facilidad la orilla al otro lado. Sin duda, el viento y las olas hicieron que el otro lado pareciera más lejos y más difícil de alcanzar. Pero en realidad está muy cerca. Cuando se trata de llevarte desde donde estás hacia el lugar que ha escogido para ti, ¿confías en que el Señor podrá llevarte? Tu destino puede estar mucho más cerca de lo que piensas. Tienes que confiar en Él con paciencia obediente mientras esperas. Recuerda, eres una joya, una joya reservada.

AL SALTAR POR LOS AROS

Estoy contentísima de que Dios no haya tomado en cuenta las estadísticas cuando hizo el plan para nuestra vida. Pero las estadísticas sobre la disponibilidad de hombres idóneos no es lo único que se interpone en el camino de nuestra confianza. Cuando confiamos totalmente en Dios, también sabemos que no debemos aceptar un hombre que sea menos que lo que Cristo dice que merecemos. Solo existen dos razones por las cuales lo haríamos: No creemos en la capacidad de Dios o no creemos merecer lo mejor.

Por mi relación con Kenneth, le resté valor a mi belleza, a mis dones y a mis talentos, tanto que dudé merecer a otro hombre bueno. ¿Alguna vez hiciste algo parecido? Quizás tengas miedo de perder la relación en la que estás. Tal vez te digas: "Esto es lo mejor que voy a conseguir. Él es amable, apuesto y ama al Señor".

Sí, conozco todo eso. Pero la pregunta que tengo para hacerte es: ¿Te ama? Hermana, si él no está loco por ti cuando estás de entre casa (con el cabello desarreglado, los pantalones flojos y en remera porque estás cansada) y si siempre estás tratando de hacer ciertas cosas para "evitar que la relación se venga abajo", tienes dos problemas: tu autoestima y tu relación.

En primer lugar, tienes que valorarte, y tu hombre debe hacer lo mismo ya sea que estés vestida para el baile de graduación o para un día común y corriente en el parque. En segundo lugar, por favor recuerda que si ahora estás dando saltitos de un lado al otro en el esfuerzo por mantenerlo contento, cuando te cases tendrás que dar saltos mucho más grandes. Y cuantos más saltos estemos dispuestas a dar, menos nos autovaloramos.

En la Biblia no hay registro de noviazgos, al menos no del estilo de nuestro país. Un hombre consagrado miraba con quién quería casarse e intentaba conseguirla. Cuando un hombre procuraba a una mujer, lo hacía con una sola cosa en mente: casarse con ella. Lo hacía porque estaba listo para sentar cabeza con una compañera para toda la vida.

La Biblia dice: "Cuida tu corazón" (Proverbios 4:23). Es sumamente importante que nos protejamos contra el tipo de hombres que nos buscan sin motivos santos. Una de las cosas más destructivas que puedes hacer es engancharte con un hombre que no sea el elegido por el Señor para ti. Cuando la relación termine, ese hombre se llevará una parte tuya con él, y lo más probable es que también se lleve una buena porción de tu autoestima.

Como mencioné en el capítulo 1, Elizabeth Elliot es una de mis escritoras favoritas, una excelente maestra en el tema de los noviazgos y las relaciones de pareja. Ella describe cómo debemos relacionarnos con los hombres, según las palabras asombrosas de su madre: "¡Siempre mantén a los hombres a un brazo de distancia!" Solo habrá un hombre con el que pasarás toda tu vida, al menos ese es tu deseo y tu oración. Eso quiere decir que todos los otros hombres con los cuales estés saliendo o hayas salido son una pérdida de tiempo, y están robándote el hombre con el cual realizarás tu compromiso final. Y muchas veces el ladrón viene a través del dolor, la desilusión, la pérdida o un corazón profundamente herido. No confiarás en el hombre correcto porque otro hombre te hizo daño.

¿Cuántas veces dejarás que te rompan el corazón y que tengas que remendarlo antes de permitir que Dios elija por ti? No es necesario que salgas con muchos hombres antes de que decidas con cuál te gustaría casarte. Dios te lo mostrará con claridad. Pero la claridad que puedas obtener de la elección que Dios tiene para ti depende de la carga que traigas. Muchas de nosotras cargamos toneladas de bagaje emocional y después nos preguntamos por qué no podemos atraer a un hombre estable.

Hemos sido heridas tantas veces y nuestra autoestima ha sido tan desmantelada que no podríamos reconocer al hombre adecuado aunque lo viéramos llegar en un caballo blanco, vestido con una armadura brillante y con un ángel sentado en el hombro, anunciando que él es, en realidad, el hombre que Dios ha escogido. Nos hemos vuelto tan desconfiadas y temerosas por las heridas anteriores, que ya no podemos discernir la voluntad de Dios.

No te voy a decir cómo salir con alguien o si debes hacerlo, pero sí te diré lo siguiente: la Palabra de Dios les dice a las mujeres solteras que se regocijen en su soltería. En Isaías 54:5 el Señor promete: "Porque el que te hizo es tu esposo; su nombre es el Señor Todopoderoso". ¿Le has dado a Dios la oportunidad de amarte? A lo mejor, pasar un poco de tiempo a solas con Dios es exactamente lo que necesitas para restaurar tu autoestima.

Y si Dios es tu esposo, por cierto que no necesitas salir con nadie más, ¿verdad? Salir con cualquier otra persona significará dedicarle tiempo y atención a alguien más aparte de

Dios. Si no se te ocurriría hacerle eso a tu esposo terrenal, ¿por qué se lo harías a tu Esposo espiritual?

Después de todo, para protegerte de todo el dolor que pudieras llevar al matrimonio, tal vez un tiempo a solas con Dios no sea en absoluto una mala idea. A veces salimos con unos cuantos hombres para que ellos nos carguen emocionalmente hasta que llegue "el indicado". Dios quiere cargarte emocionalmente hasta ese momento. De esa manera, no arrastrarás bagaje emocional. No habrá cuestiones de autoestima. No habrá corazones rotos.

¿*B*USCAS O TE BUSCAN?

Una vez que hayas pasado un tiempo con Dios, y creas que te ha mostrado al hombre que tiene en mente para ti, ¿cual es el paso siguiente? ¿Cómo podemos estar seguras de que hemos conseguido al hombre que queremos, de la manera que queremos, y en el momento que queremos? La revista *Cosmopolitan* dice que seamos enérgicas y directas. *Essence* comenta que las mujeres tienen que hacer el primer movimiento y no jugar ningún juego. *Vogue* sugiere que deberías estar disponible y usar el tipo de ropa seductora que atrae al hombre.

Tal vez estas sugerencias sean demasiado populares, pero están equivocadas y son trampas del diablo. Nunca, y quiero decir *jamás*, debemos abalanzarnos sobre un hombre. No importa cuáles sean nuestras intenciones, si esperamos desarrollar una relación romántica con él o solamente una amistad. No hay razón para llamar por teléfono a un hombre. No hay motivo para presentarnos a él, o darle impulsivamente nuestra tarjeta de presentación. Él puede conseguir toda la información que necesite, si así lo quiere.

¿No es asombrosa la cantidad de tiempo que nos pasamos planificando esos pequeños encuentros casuales con el muchacho que nos gusta? No necesitas dejar una nota alentadora en el buzón de un hombre. No tienes por qué usar su color favorito de tanto en tanto, o asegurarte de estar en la cafetería precisamente cuando él está. No vayas a la secretaría a pedir su programa de materias para coincidir con él en las clases a las que asista el próximo semestre. No merodees alrededor de su auto ni andes rondando su casa.

Si te pareces a mí en algo, es probable que de alguna u otra manera hayas hecho el esfuerzo de usar la ropa adecuada o de estar en el lugar correcto y en el momento oportuno. Al final del día estarás nerviosa y destrozada y te sentirás triste porque pareciera que el muchacho ni se dio cuenta de que existes. ¡Hermana, descansa! La Biblia dice: "Quédense quietos, reconozcan que yo soy Dios" (Salmos 46:10). Otra versión nos habla a nosotras directamente: "Dejen de afanarse y reconozcan la salvación del Señor". ¡Guau! Podemos dejar de esforzarnos y tratar de concretar los planes y las maquinaciones; podemos sentarnos cómodamente y dejar que Dios se encargue del resto. ¡Qué alivio!

¿Puedes creer que Dios ya tiene resuelta la cuestión de tu esposo? Ya está preparando a tu marido para ti. Esto significa que puedes descansar sin prisa porque el plan de Dios es el mejor para ti. De hecho, nuestros esfuerzos por hacer que las cosas sucedan, demuestran que en realidad no confiamos en Dios de la manera que decimos confiar. Esto se me hizo evidente cuando presioné tanto para llevar adelante la relación con Kenneth. Estaba desgastada física y emocionalmente. Durante esa época oraba a menudo a Dios y le decía que confiaba en Él de todo corazón. Esas oraciones sonaban buenas de verdad. ¡Lástima que eran mentira!

El hecho es que Dios sí sabe cómo unir a las personas correctas. Y los hombres íntegros que buscan una compañera para toda la vida no miran a las mujeres que los persiguen 24 horas al día. El hombre piadoso quiere encontrar una mujer que viva una vida tranquila, esperando en Dios. Está buscando una esposa con "un espíritu suave y apacible" (1 Pedro 3:4).

Muchos de mis amigos varones han terminado sus relaciones con mujeres a las que amaban. Las chicas literalmente los asustaban por estar demasiado desesperadas, impacientes e insistentes. Un hombre me contó que iba a sorprender a su novia con un anillo de compromiso y proponerle matrimonio. En ese momento, los ojos le brillaban con la ilusión de pasar el resto de su vida con la mujer que amaba. Sin embargo, ese brillo lentamente se apagó en la medida que la mujer se puso ansiosa y absorbente. Y finalmente rompieron.

Una jovencita que conozco eligió un vestido de novia. Comenzó a hacer una lista de personas a las que quería invitar a la boda y otra lista para la despedida de soltera. Cada vez que ella intentaba hablar de estos planes con su novio, él le decía: "¿Por qué no esperamos el momento adecuado para hablar de boda?" Eso la trastornaba. Ella creía que cualquier momento era el adecuado, ya que habían estado hablando del matrimonio desde hacía mucho tiempo. ¡Seguramente el gran día se aproximaba con rapidez!

Esta presión constante de parte de la mujer hizo que el novio perdiera el interés en ella, y finalmente terminó su relación. ¿Por qué? Ella estaba entusiasmada por la posibilidad de vivir con él. Solo quería que su boda fuera hermosa. ¿Por qué él era tan insensible? La razón era obvia. Ella se había puesto en el rol de tomar la iniciativa y planificar. Había usurpado la autoridad que Dios le había dado a él.

Cada vez que una mujer ilegítimamente usurpa el liderazgo de la relación, puedes estar segura de que resultará en un caos. Te lo garantizo. No solo lo sé por lo que he visto, sino también porque lo hice. Mis errores en la relación con Kenneth ejemplifican muy bien este punto. Estoy absolutamente segura de que una de las causas por las que nuestra relación no funcionó, fue mi agresividad. Esto hizo que él se echara atrás y se apartara de mí.

Satanás quiere que usurpes el liderazgo en esta área de tu vida. Él sabe que puede impedir que seas feliz con un hombre si sigues tomando por tu cuenta el liderazgo. ¿Recuerdas el Jardín del Edén? Esa fue su propuesta a Eva. El diablo no se acercó a Adán en el Jardín, sino a Eva. Se dirigió a la mujer con una cosa en mente. Quería que ella tomara el rol de liderazgo en la relación con el hombre. Cuando lo hizo, se desató el infierno.

𝓜UJERES DE UN VALOR INCOMPARABLE

Me dirás: "De acuerdo, Priscilla, esto es muy interesante. Pero yo estoy leyendo este libro para aprender sobre mi autoestima. ¿Qué tiene que ver eso con tomar la iniciativa de una relación con un hombre?" Hermana, está totalmente relacionado con la autoestima. La mujer que está siempre persiguiendo a un hombre no cree ser lo suficientemente valiosa como para que él la persiga a ella. La mujer que toma la delantera, decidida a conseguir un hombre por todos los medios, no confía en que el hombre venga tras ella y procure su amor. Cree que tiene que trabajar extra porque no es tan hermosa, adorable o deseable, y que nadie la tomará en cuenta a menos que ella despliegue varias estrategias. Esta mujer no cree que el Dios todopoderoso y omnisciente le haya otorgado la belleza exterior e interior necesaria como para atraer al hombre indicado.

El hombre necesita sentir que él ha logrado algo. El trabajo de la mujer es estar tranquila y confiar en el Señor. Eso no quiere decir quedarse sentada en silencio y no hacer nada. Significa mantenerte ocupada, haciendo lo que el Señor te ha llamado a hacer en este momento.

Mira a Rut. En el Antiguo Testamento leemos que Rut estaba ocupada haciendo lo que ella pensaba que Dios le había ordenado (cuidar a su suegra con total diligencia). Rut había encontrado su ministerio y estaba dedicada a él, aun cuando eso significara dejar atrás sus relaciones anteriores y posiblemente jamás volver a casarse. ¿Cuán dispuesta estás a hacer lo que Dios te pide que hagas?

Fue durante este período de obediencia, diligencia y servicio que Rut conoció a su esposo. Booz era el elegido y ella lo conoció mientras servía al Señor. No buscó atraer su atención. Simplemente hizo lo que Dios le dijo, y Booz estaba allí. De hecho, se interesó en Rut antes de que ella se interesara por él. Booz preguntó a varias personas sobre ella, y el comentario de la gente fue que era servicial con su suegra. Si un posible marido pregunta sobre ti, ¿qué le responderá la gente? Una vez que Booz recibió un buen informe sobre esa hermosa mujer, le hizo saber sus intenciones.

¿Y qué hubiera ocurrido si Rut decidía no salir de Moab? ¿Qué tal si hubiera sido terca y decidía no cuidar a su suegra? Ella tenía mejores cosas que hacer. No era una anciana. Podría haberse quedado y salir con otros hombres. Podría haberse quedado en casa divirtiéndose con sus amigas. Podría haberse quedado y hecho las mismas cosas de siempre en su pueblo natal, donde estaba cómoda. Pero se habría perdido un nuevo compromiso y una nueva unción.

Rut había sufrido la muerte de su primer esposo. Podría haber pensado que nunca volvería a conocer un hombre tan increíble como él. Rut podría haber tenido dudas y miedos. Pero ella era una mujer de excelencia en la corte del Rey. Era una mujer de incomparable valor. Confió en el Dios de Noemí y aprendió a someterse a Él, a su suegra, y finalmente, a Booz.

En respuesta, Dios hizo un milagro en la vida de Rut. Si ella no hubiera seguido la dirección de Dios, se habría perdido un nuevo ministerio y un nuevo servicio al Señor. Podría haberse casado de nuevo, pero se habría perdido conocer a su pariente redentor. Se habría perdido la bendición de ser la bisabuela del Rey David y parte de la genealogía mesiánica. Se habría beneficiado a sí misma, pero se hubiera perdido el milagro.

Dios también quiere hacer un milagro en tu vida. Está listo, dispuesto y tiene la capacidad de llevarte a la otra orilla en el tema de la relación sentimental. ¿Confías en Él? ¿Estás dispuesta a quedarte tranquila y ver la salvación del Señor?

Piensa en lo siguiente

✠

¿Qué estuvo mal en la forma en la que Kenneth
se relacionó con Priscilla?

✠

¿Qué estuvo mal en la manera de relacionarse
Priscilla con Kenneth?

✠

¿Qué tendencias tienes en tu forma de relacionarte
con los hombres o con tu esposo?

✠

¿De verdad confías en que Dios te llevará al otro lado
de tu soltería o actúas como si tuvieras que lograrlo sola?

✠

¿Qué relaciones de tu vida tienes que entregarle a Dios?

✠

¿Qué esperas de los hombres con los que eliges salir?

✠

En realidad, ¿quieres estar de novia? ¿Por qué sí o por qué no?

Oración
de entrega

Dios, a veces tiendo a tomar las cosas por mi cuenta. Te confieso que con frecuencia quiero tomar la iniciativa en las relaciones y hacer cosas por mis propios medios. Te pido que me perdones y me cambies. Te pido que hasta el momento que tú consideres apropiado para que yo me case, me protejas y cuides mi corazón de quien pueda lastimarme. Te pido que, a partir de hoy, comiences a prepararme para el rol de esposa, haciéndome una mujer de carácter e integridad. Tengo que aprender a ser sumisa y a seguir el liderazgo de mi futuro esposo. Te pido que me ayudes a conducirme mejor, haz que te siga con toda diligencia y perseverancia. Por favor, cuida mi corazón y mis pensamientos, Señor. No quiero arrastrar mi bagaje emocional ni mis cicatrices. No quiero tener de qué arrepentirme, y no quiero tener cuestiones que afecten mi relación con el hombre que me enviarás. Gracias.

En el nombre de Jesús, amén.

Fecha de hoy:

_____

CAPÍTULO 7

UN MILAGRO EN LA CIMA DE LA MONTAÑA

Una princesa en la corte del Rey puede esperar ser tratada como tal por el Padre. Como hija del Rey y coheredera con Cristo, puede estar segura de que nada es demasiado para ella. Cuando reciba algo del Señor, será mejor que cualquier cosa que se le hubiera ocurrido pedir, porque Él la conoce bien y tiene recursos que ella ni se imagina. Si existe una regla general bajo la cual debe vivir una hija del Rey, es la siguiente: Jamás te contentes con menos de lo que tu Padre quiere para ti. Y aquí hay otra importante advertencia: No te sorprendas si te da su mejor regalo en un envoltorio que no esperabas.

Hace poco, una amiga me envió este relato por correo electrónico: Un joven estaba a punto de graduarse en la universidad. Durante muchos meses había admirado un hermoso automóvil deportivo en la vidriera de una concesionaria y, como sabía que su padre tenía recursos para pagarlo, le dijo que eso era lo que único que quería. Mientras se acercaba el día de la graduación, el muchacho trataba de adivinar si su padre ya había comprado el vehículo. Estaba ansioso por recibir su regalo.

Finalmente, la mañana de la ceremonia, su padre lo llamó a su oficina. Le dijo lo orgulloso que estaba de tener un excelente hijo, y le dijo cuánto lo amaba. Le entregó a su hijo una caja bellamente envuelta para regalo. Curioso, pero en alguna medida decepcionado, el joven abrió la caja y encontró una Biblia con tapas de cuero y su nombre grabado en dorado en la cubierta.

Enojado, le gritó a su padre:

—¿Con todo el dinero que tienes me das una Biblia? —y salió hecho una furia de la casa, sin llevarse la Biblia.

Pasaron muchos años y el muchacho se convirtió en un hombre de negocios sumamente exitoso. Tenía una casa hermosa y una maravillosa familia. Se enteró de que su padre había envejecido mucho, y que su salud era frágil, y pensó que quizás debía ir a verlo. No habían vuelto a encontrarse después de aquel lejano día de la graduación.

Antes de que pudiera concretar el viaje, el hombre de negocios recibió un telegrama informándole que su padre había fallecido y que su voluntad había sido dejarle todas sus posesiones. Era necesario que fuera de inmediato y se ocupara de los arreglos finales y de la propiedad.

Cuando entró a la casa de su padre, su corazón se llenó de tristeza y remordimiento. Comenzó a buscar entre los papeles importantes de su padre y allí encontró la Biblia, tal como la había dejado años atrás. Con lágrimas en los ojos la abrió y comenzó a pasar las páginas. Su padre había subrayado cuidadosamente un versículo: Mateo 7:11: "Pues si ustedes, aun siendo malos, saben dar cosas buenas a sus hijos, ¡cuánto más su Padre que está en el cielo dará cosas buenas a los que le pidan!"

Mientras leía esas palabras, la llave de un auto cayó de la parte de atrás de la Biblia. Tenía una tarjeta con el nombre del vendedor, el mismo nombre que tenía a la vista el auto deportivo que el muchacho había querido con desesperación. En la tarjeta estaba la fecha de su graduación y las palabras *Pagado de contado*.

¡Cuántas veces nos perdemos las bendiciones de nuestro Padre celestial porque no vienen envueltas de la manera que esperamos!

El padre del muchacho le había dado más de lo que este había pedido. En un sentido similar, estoy segura de que a veces, cuando oramos por lo que queremos y no lo conseguimos, es porque Dios nos tiene reservadas mejores cosas. Por eso el Espíritu Santo intercede por nosotros cuando no podemos hallar las palabras adecuadas para nuestras oraciones (Romanos 8:26). Sabe lo que queremos decir y cómo decirlo.

A menudo estamos dispuestos a aceptar la primera cosa que aparezca con tal de satisfacer nuestro deseo aparentemente urgente de tener a alguien, algo, en cualquier momento y en cualquier lugar de nuestra vida. Con frecuencia sacrificamos las mejores cosas en el altar de las cosas permisibles. Me da pena, por ejemplo, cuando veo a una jovencita que se conforma con ser la otra en una relación. Es obvio que para ti y para mí y para todos que el hombre con el que está no es el adecuado para ella; sin embargo, ella parece no entenderlo. Él no es lo que ella necesita espiritualmente ni emocionalmente, ni siquiera físicamente, pero está dispuesta a conformarse con eso.

No solo en las relaciones nos conformamos con el segundo puesto, sino también en otras áreas de nuestra vida. Nos conformamos con menos que un trabajo que nos motive, o con amigos tontos; nos conformamos con una educación inadecuada, con costumbres livianas, con hábitos perezosos, y valores económicos descuidados. A Dios le rompe el corazón ver a sus hijas esforzándose por cosas que finalmente las destruirán. Y a mí me lastima porque yo misma estuve allí, y sé de primera mano lo difícil que puede ser renunciar a nuestros deseos y entregárselos a Dios.

$\mathcal{M}$ONEDAS DE CINCO Y DIEZ CENTAVOS

Tengo la sobrina más hermosa del mundo. Kariss tiene siete años, y yo creo que es perfecta, como piensa cualquier tía. Cuando tenía unos cuatro años, estaba encaprichada con las monedas de cinco centavos. Siempre estaba a la pesca de cuantas monedas pudiera encontrar, y solía pedírselas a los miembros de la familia.

Cierto día me pidió una. En ese momento, lo único que encontré fue una de diez centavos. Estiré el brazo para dársela y ella dejó escapar un sollozo:

—Tía Sila, esto no es una moneda de cinco. ¡Quiero una moneda de cinco!

Hice todo lo posible por explicarle que una moneda de diez centavos valía el doble que una de cinco. Le dije que aunque pareciera menos vistosa, en realidad valía más.

Kariss miró la moneda de cerca y entonces la arrojó al piso. Estaba decidida a conseguir una de cinco centavos. Lloró y me rogó que le diera algo que no valiera tanto como lo que le había ofrecido, incapaz de comprender que estaba pidiendo algo de menos valor.

¿Cuántas veces has llorado y peleado por una moneda de cinco cuando Dios quería darte una de diez?

Como ya hemos visto, la mayoría de las mujeres ansían una maravillosa relación con un hombre. Mientras esperamos que Dios nos mande lo mejor para nosotras, es importante que cuando conozcamos a un hombre joven y soltero como posible candidato, recordemos un par de cosas. Deja de lado por un momento aquella clase de cosas que normalmente te ayudarían a tomar una decisión en relación a un hombre, y ten en cuenta lo que el Señor ha dicho en su Palabra. Hay dos términos en la Biblia que definen lo que tu compañero debe ser para ti: un "salvador" y un "santificador". Esto diferencia a las monedas de cinco de las de diez. Si ya estás casada, ora para que el Señor siga desarrollando esas características en tu compañero.

Un SALVADOR

En primer lugar, tu esposo debería ser un *salvador*. Por supuesto, no puede tomar el lugar de tu Salvador celestial, el Señor Jesucristo. Pero así como Jesús te ve, de igual manera debería hacerlo tu marido. Así como Cristo te ama eterna e incondicionalmente, así debería hacerlo el hombre de tu vida. Su amor no debería ser simplemente sobreentendido, sino anunciado a través de sus palabras, sus hechos y su pasión por ti. "Porque el esposo es cabeza de su esposa, así como Cristo es cabeza y salvador de la iglesia, la cual es su cuerpo" (Efesios 5:23).

Las mujeres podemos ser duras con nosotras mismas. No somos perfectas y lo sabemos muy bien. Hemos tomado algunas malas decisiones y a veces nuestro pasado parece destruirnos a causa de la culpa. Sin embargo, el hombre de tu vida debería verte como a una pura mujer de Dios así como lo hace el Señor Jesucristo. Él no debería prejuzgarte por tus pecados ni hacerte sentir menos sensacional por algunos errores del pasado. Él debe ver a una hermosa princesa cuando te mira, porque exactamente eres eso.

Un SANTIFICADOR

Una vez me presentaron por teléfono a un muchacho que realmente quería ser mi novio. Hablamos por teléfono durante meses, y durante ese tiempo, yo seguía diciéndole que no estaba interesada en un noviazgo serio. Me frenaba que estuviéramos separados por una gran distancia, y aún así seguir influenciada por Kenneth. Más de una vez le expliqué que, emocionalmente, no tenía nada para ofrecerle. Le dije que no podríamos ser más que amigos.

Bueno, este chico no aceptó el "no" como respuesta. Fue en extremo persistente. Después de casi seis meses de conversaciones, tuve que ir a Chicago. Me preguntó si me molestaría que nos encontráramos allí. Él quería encontrarse conmigo. "Está bien", le respondí. Imaginé que después de seis meses de llamados telefónicos sería un buen gesto conocerlo.

Cuando llegué a Chicago, este caballero hizo cosas maravillosas por mí. Y yo no podía aceptar muchos de los regalos que intentaba hacerme porque sabía que la relación no pasaría de una amistad. Sin embargo, hubo un regalo al que no pude rehusarme.

Antes que nada, hizo que el personal del hotel llenara de rosas mi habitación. Al entrar pensé que eso era precioso, pero me llamó la atención una jarra con una toalla blanca sobre ella. También había una palangana en el piso. No podía entender qué era. Se lo pregunté, y cuando me lo explicó, pensé que acababa de morirme y estaba en cielo.

—Priscilla —me dijo— durante estos seis meses has estado diciéndome que no tienes nada para darme emocionalmente. Me has dicho que estás vacía y que no estás lista para una relación. Bueno, si sientes que no tienes nada para dar, es que piensas que alguien se lo ha llevado. Quiero que sepas que eres santa y pura. ¿Me permites que te lave los pies para simbolizar esa pureza?

¡No podía creer lo que estaba escuchando! Nunca antes nadie me había lavado los pies. Este chico no sabía nada acerca de la pena que yo estaba sufriendo debido a Kenneth; jamás se lo había contado. Pero Dios lo usó para ministrarme de una manera inolvidable.

Esa noche consulté por teléfono con un amigo consagrado. Él me sugirió que le permitiera a este joven que me lavara los pies, dado que estaba ministrándome, pero que me asegurara de dejarle en claro que eso no quería decir que estábamos pasando a otro nivel en la relación. Estuve de acuerdo.

Antes de hacer nada, el caballero me leyó Proverbios 31. Luego se arrodilló y me lavó los pies mientras me recordaba mi pureza ante el Señor.

—Priscilla —me dijo— no sé nada de tu pasado, y no sé qué ha sucedido en tu vida emocional. En realidad, no me importa, pero sí sé esto: Eres una hermosa mujer a la que Dios ama y ante cuyos ojos tú permaneces pura.

Lloré mientras el agua me lavaba los pies, pues con ello vino el poder de limpieza del Espíritu Santo sobre mi vida. Aunque nunca pasamos a una relación que fuera más allá de la amistad, este hombre me ministró de una manera que ningún otro lo había hecho. Hasta el día de hoy seguimos siendo buenos amigos. Su demostración de cómo debe relacionarse un hombre con la mujer con la que quiera casarse quedó dibujada de una manera imborrable en mi mente. Él sabe qué significa ser el salvador de su esposa.

"*P*ORQUE ÉL NOS AMÓ PRIMERO"

Así como el Señor nos ama a pesar de nosotros mismos, debería hacerlo también nuestro futuro esposo. Efesios 5:25 dice que los maridos deben amar a sus esposas de la manera en que Cristo ama a la iglesia. ¿Cómo ama Cristo a la iglesia? La ama eternamente, apasionadamente, tanto como para dar su vida por ella.

¿Está tu pareja sacrificando su vida y tomando su cruz para estar contigo? ¿Tiene en cuenta las pequeñas cosas que te hacen feliz? ¿Las cosas siempre tienen que hacerse a su manera? Ahora, no te aproveches de lo que estoy diciendo. No estoy sugiriendo que todo se haga a tu manera. Tenemos que ensamblarnos con un hombre que sea un líder y que tenga el poder de decirnos "no" cuando necesitemos escucharlo. Sin embargo, hay algo refrescante en el hombre que está dispuesto a hacer cosas por nosotras que no necesariamente sean las más convenientes para él, simplemente porque nos ama.

¿Por qué amamos a Cristo? Es simple: Porque él nos amó primero (1 Juan 4:19). Eso es lo que hace tan hermoso su amor. Nos amó cuando Él no nos importaba en absoluto. Nos amó y nos buscó cuando no podríamos habernos interesado menos por Él o por su plan para nuestra vida. De hecho, nos amó tanto que "cuando todavía éramos pecadores, Cristo murió por nosotros" (Romanos 5:8). Por favor recuerda que tu esposo debe amarte así. Esto lo hará tu salvador.

Un sorprendente número de mujeres casadas te dirá que cuando conocieron a su esposo no le hubieran dado ni la hora. Ni siquiera pensaban en él. No les importaba si estaba vivo o muerto. Pero a pesar de eso (o tal vez a causa de esto), el hecho de que la mujer no estuviera inicialmente interesada en el hombre, hizo que este la buscara más y más hasta que logró que ella se interesara por él y correspondiera a su amor. Esta es precisamente la manera en que Cristo busca atraernos. Nos ama cuando no estamos ni remotamente interesados en Él. A pesar de eso nos ama y nos busca continuamente hasta que finalmente le correspondamos.

Escucha esto atentamente porque no quiero que te lo pierdas: yo creo que uno de los trucos del diablo es hacer que rechaces el amor de un hombre que verdaderamente tiene el amor de Cristo por ti, porque piensas que puedes conseguir algo mejor. Probablemente en este momento puedes recordar a un chico que haya estado detrás de ti durante algún tiempo y al que no le has dado una segunda oportunidad. Él te ha buscado una y otra vez y no se ha rendido. De hecho, cuanto más lo intenta, más te cierras. Estás desperdiciando las monedas de diez centavos porque te sientes más atraída por las de cinco.

Algunas veces, a mí no me despertaba interés el chico que, por algún motivo, mi madre decía que era un buen partido. Ella me miraba y, con una sonrisita de satisfacción me decía: "¡Priscilla, más vale que aprendas a amar a ese hombre!"

Aunque nunca seguí su consejo en cuanto a esos muchachos en particular, entiendo la idea. A veces estamos tan enamoradas, sintiendo esas mariposas en el estómago, que olvidamos buscar las cosas más serias, las cualidades que realmente importan. Con frecuencia estamos tan interesadas con el envoltorio que no nos importa lo que haya en el interior. Desde luego que si el hombre que ha estado persiguiéndote no es un cristiano o no vive para el Señor, ni hablar de él. Me refiero a ese hombre consagrado de quien estás huyendo porque es demasiado bajo, alto o no es tan fino o tan adinerado como para ti. Estoy hablando de esas pequeñas razones ridículas que Satanás ha puesto en tu mente para impedir que recibas el mejor compañero posible.

La historia bíblica de Oseas nos resume el poder de un marido cariñoso. Dios le ordenó al profeta Oseas que contrajera matrimonio con una ramera. Dios hizo eso porque quería demostrarle a su pueblo cuánto los amaba y se interesaba por ellos.

Oseas tomó a su esposa impía y la amó como solamente un salvador puede amar. Incluso cuando ella tuvo relaciones con otros hombres, Oseas fue a buscarla, la encontró, la llevó a casa y la amó aún más. La amó porque estaba obligado por una fuerza mayor a ser parte de su vida. La quería aun cuando ella le fallaba, porque el llamado de Dios en su vida era amar y adorar a esta mujer. No sé tú, pero yo quiero un esposo que crea que ha sido llamado a amarme y a honrarme como solamente un salvador puede hacerlo.

_T_E GUÍA ESPIRITUALMENTE

No importa qué tan espiritual sea al hablar o cuán piadoso parezca, deberías ver cada día un intento de su parte para hacerte más parecida a Cristo. Efesios 5:25-26 lo dice de esta manera: "…se entregó por ella para hacerla santa. Él la purificó, lavándola con agua mediante la palabra".

El hombre de tu vida ¿conoce la Biblia? ¿cómo se supone que te santifique con la Palabra si no está familiarizado con ella? No solamente debe conocer la Palabra de Dios, sino que además tiene que entenderla. Dicho más simple: este hombre tiene que ser tu líder espiritual. Debe liderarte con el ejemplo de su vida y su interés por Dios y su Palabra.

Muchas mujeres dejan de lado sus creencias cuando se trata de esta área de su vida. Buscan en un hombre todo tipo de cualidades espléndidas, menos una en particular: su vida espiritual. No digo que tenga que ser pastor de una iglesia o profesor de teología o un erudito en la Biblia; estoy sugiriendo que debe tener interés en crecer espiritualmente y en comprender las Escrituras. De esa manera, estará mejor preparado para llevarlos a ti y a tu familia a una relación más íntima con Jesucristo.

Por desgracia, para la mayoría de nosotras, nuestra historia ha sido estropeada por varias cosas de las cuales nos avergonzamos y tenemos miedo de admitir. Nuestra autoestima está dañada y no nos sentimos bien por lo que tenemos que presentarle a nuestro esposo. Tengo excelentes noticias para las que se sienten así. Dios ha provisto todavía otros medios a través de los cuales puedes darte cuenta de la gracia que nos brinda. Tu esposo es la herramienta que Él usa.

Los hombres son seres poderosos en la vida de una mujer. Definen quién y qué somos y cómo nos vemos. En el principio, Dios le encargó a Adán la tarea de dar nombre a todas las criaturas. En los tiempos bíblicos, todos los nombres dados a las criaturas significaban algo. Bien, Adán llamó a la mujer "Varona", y con ese nombre le dio una identidad.

Todavía hoy los hombres nos dan nuestra identidad. Nos nominan por la forma en que nos tratan. Si nos tratan como si fuéramos culpables, será así como nos sintamos. ¿Te has dado cuenta de que el hombre en tu vida puede hacer que te sientas bella o gorda, divertida o aburrida? Te sientes según la forma en que te mira. Esto es simplemente porque Dios les ha dado a los hombres el poder de volver a nombrar o redefinir a las mujeres. Queremos casarnos con un hombre que nos dé un buen nombre. Asegurémonos de elegir a un hombre que nos vea a través de los ojos de Cristo.

Tal vez haya un joven que te ha pretendido durante bastante tiempo y no lo has tenido en cuenta porque no te pone la piel de gallina ni sientes mariposas en el estómago cuando estás con él. Te sugiero que vuelvas a mirarlo. Esos sentimientos no necesariamente tienen que producirse con el hombre que vaya a ser tu salvador y santificador. De hecho, la piel de gallina puede resultar bastante engañosa, y hasta podría ser la estrategia del engañador. No te confundas por seguir a tu corazón. Más bien, busca a Dios y su justicia y "todas estas cosas os serán añadidas" (Lucas 12:31, RVR60), ¡incluso las mariposas!

MILAGRO EN LA CIMA DE LA MONTAÑA

Génesis 22 nos narra la historia de Abraham, y la prueba que el Señor le hizo vivir. De acuerdo con la Biblia, Abraham fue una de las personas más piadosas que haya vivido. Estaba dispuesto a hacer lo que fuera para agradar a Dios. A veces Dios nos hace atravesar el fuego para poner a prueba nuestro amor y devoción por Él. Por lo tanto, Dios le dijo a Abraham que tomara a Isaac, el hijo de la promesa al cual él amaba profundamente, y se lo ofreciera.

¡Ahora sí que se puso seria la cosa! El Señor le dijo a Abraham que tomara a su único hijo y lo sacrificara en un altar.

El versículo siguiente nos dice que Abraham se levantó temprano para cumplir con las instrucciones que el Señor le había dado. Ahora estoy segura de que no estaba emocionado en lo más mínimo por hacer lo que Dios le había dicho que hiciera. Seguramente no se habrá levantado de un salto a primera hora porque estaba ansioso por sacrificar a su hijo.

Sin duda, este proceso fue de gran dolor y sufrimiento. Estaba aterrorizado ante lo que el Señor le había pedido que hiciera. Se levantó temprano para cumplir con el plan de Dios. Sin perder tiempo, porque se trataba de la obra de Dios: Abraham hizo lo que Dios le había ordenado, y lo hizo por obediencia.

Se dirigió a la montaña que el Señor le había especificado y les dijo a sus sirvientes que lo esperaran allí. "Quédense aquí... El muchacho y yo seguiremos adelante para adorar a Dios, y luego regresaremos junto a ustedes" (v. 5).

"Esto es contradictorio, Abraham", habrán murmurado sus sirvientes entre sí. "¿Cómo vas a ir y adorar de la manera que Dios dice que lo adores, y después regresar con tu hijo? Dios te ha pedido que lo adores sacrificando a Isaac. ¡Matándolo! ¿Cómo puedes decir que ambos regresarán? Debes saber algo que nosotros no sabemos porque, desde nuestro punto de vista, estás un poco confundido".

Abraham no estaba confundido. Él confiaba en las promesas de Dios. Verás, un capítulo antes, Dios le había dicho a Abraham que "su descendencia se establecería por medio de Isaac". El Señor le había prometido a Abraham que Isaac sería la puerta al futuro. Dado que esa promesa ya había sido hecha, Abraham podía descansar en la seguridad de que Dios guardaba algo en la manga.

Lo único que Abraham sabía era lo que el Señor le había prometido. ¿Estaba dispuesto a entregar la moneda de cinco por la de diez que el Señor tenía para él? Estoy segura de que habrá pensado que no había escuchado bien al Señor. Habrá dicho para sí: "El Señor no quiso referirse a mi tan querido hijo Isaac; habría ciertamente algo más que el Señor ha querido decir." Sin embargo, Abraham estaba dispuesto a hacer lo que Dios le había pedido.

¿Y tú? ¿y yo? ¿estamos dispuestas a sacrificar aquellas cosas que amamos por amor a Cristo Jesús? Puedo pensar en muchas cosas que no estoy segura de estar dispuesta a renunciar y dedicárselas a Dios. Abraham era verdaderamente un hombre fiel. Abraham confiaba tanto en el Señor que no solo habló del sacrificio que tenía la intención de llevar a cabo para el Señor, sino que también estaba realmente dispuesto a ir hasta el final.

Yo me gano la vida hablando. Viajo cuatro o cinco veces al mes hacia otra parte del país, donde les hablo a mujeres y hombres. Me encanta lo que hago. Pero he descubierto que el gran desafío es poner en práctica las cosas que les sugiero a los demás. Para mí es fácil hablar de lo lindo pero no ponerlo en práctica. Recuerdo que hace poco me hicieron un reportaje en TBN y, una de las preguntas que me hizo el conductor fue qué era lo más difícil para mí en el ministerio. La respuesta fue bastante fácil. Para mí, lo más difícil es lo que, en los círculos teológicos, se conoce como la diferencia entre ortodoxia y ortopraxis.

Ortodoxia es la creencia central de la fe cristiana histórica. Ortopraxis, por otro lado, es el estilo de vida que pones en práctica como resultado de esos fundamentos teológicos. Tengo mucha dificultad con eso porque en la actualidad es complicado ser una mujer que vive correctamente y sirve a Dios en todo momento. A veces siento que estoy dando una buena charla sin vivir todo lo que digo.

Abraham no parecía tener ese problema. Aunque lo que Dios le había pedido era dificilísimo, hizo algo más que hablar. "Tomó el cuchillo para sacrificar a su hijo" (v. 10).

No fue hasta que estuvo de verdad en el proceso de matar a su hijo y ofrecerlo a Dios en sacrificio que "el ángel del Señor le gritó desde el cielo" (v. 11). Mira, Dios esperó hasta ver el verdadero nivel de obediencia de Abraham antes de enviar su liberación y su bendición. Tuvo que esperar hasta que ese momento crucial entre obediencia y desobediencia definiera si Abraham era auténtico.

¿Quieres ser realmente una mujer en la corte del Rey o solo quieres parecerte a una de ellas? ¿Estás solo haciendo teatro? Abraham era demasiado serio, y sus hechos lo demostraron. ¿Eres seria? En las palabras de un escritor: "¡Por favor, que se ponga de pie la verdadera mujer!"

Finalmente, en el último instante, llegó la liberación. Precisamente cuando pensaba que todo se había terminado, que todas las promesas que Dios le había hecho en el pasado ya no eran válidas, Dios intervino, y una vez más, salvó el día. El ángel le dijo: "No pongas tu mano sobre el muchacho, ni le hagas ningún daño... Ahora sé que temes a Dios, porque ni siquiera te has negado a darme a tu único hijo". (v. 12).

Entonces Abraham levantó la mirada y vio un carnero enredado en los arbustos detrás de él. Ese carnero probablemente había estado allí todo el tiempo, pero Abraham recién lo vio cuando el Señor se lo permitió: solo cuando fue el momento de la liberación de Dios. A Abraham se le mostró la victoria de Dios porque estuvo dispuesto a ser obediente y seguir las instrucciones del Señor.

¿Recuerdas cómo Dios le dio instrucciones específicas a Abraham, tales como en qué montaña tenía que ir a sacrificar a su hijo? Bien, ¿qué habría pasado si Abraham hubiera decidido ir a otra montaña en lugar de esa? ¿Y si no hubiera ido inmediatamente cuando el Señor se lo ordenó? Tal vez el carnero no habría estado allí y Abraham hubiera perdido la oportunidad de ser liberado.

La liberación de Abraham vino mediante su total obediencia a Dios. Su obediencia lo llevó a un lugar de lo más extraño para que se produjera algo así en la cima de la montaña del sacrificio. ¿Serás totalmente obediente a Dios? ¿Sacrificarás todas las cosas que amas, para que Dios finalmente pueda enviarte el carnero, la liberación, la victoria?

Dios quiere hacer mucho más que concedernos nuestros deseos. Quiere darnos lo que *necesitamos*. Para nuestro Padre celestial sería mucho más fácil simplemente proveer lo que deseamos. Los solteros hoy en día tienen servicios y programas de técnicas casamenteras que pueden hacer eso con facilidad. Vivimos en un momento en que engancharse con alguien se ha vuelto menos complicado. Todo lo que tenemos que hacer es llamar a nuestra emisora favorita y registrarnos en su línea de "almas gemelas", y pronto estaremos conectados con la persona de nuestros sueños. Podemos contentarnos con cualquier trabajo anterior o cualquier clase de amigos.

A Dios eso no le interesa. No quiere ser tu consejero de grandes expectativas. No le interesa enviarte tan solo eso que crees que es bueno para ti. Quiere que sacrifiques las cosas a las que más te aferras para poder mostrarse a sí mismo ante ti de una manera completamente nueva.

Dios quiere darte un milagro.

El regalo para toda la vida

Un par de meses antes de que terminara mi relación con Kenneth, recibí una llamada de la cadena Hilton pidiéndome que fuera a dar una conferencia en una cena de entrega de premios. El evento se llevaría a cabo en marzo del siguiente año. Todos los directores de las oficinas nacionales de reservas de Hilton asistirían a esta reunión.

Anita, la mujer que me invitó, había escogido mi nombre de una lista de cien posibles oradores. Acepté la invitación con gratitud. Poco tiempo después de que se hubieran hecho los arreglos, Anita me llamó para contarme que ella había estado mostrando mis antecedentes en la oficina para que todos supieran quién hablaría en la cena. Había repartido un folleto con mi información biográfica y una foto mía, y cuando uno de los hombres de la oficina la recibió, comenzó a reírse.

—¿Qué es lo gracioso? —preguntó Anita. Se imaginó que era alguien con quien yo había salido antes.

Él la corrigió y dijo: "Es la hija de mi pastor".

Entonces Anita me llamó para hablarme de este maravilloso muchacho cristiano que era absolutamente fabuloso. Según ella, todas las mujeres de la oficina gustaban de él porque era súper amable y educado. No podía esperar a marzo para que nos conociéramos.

Por mi parte, no podría haberme importado menos. Todavía estaba encandilada por Kenneth y no estaba interesada en conocer a nadie. Además, yo sabía muy bien que si el muchacho era tan maravilloso como Anita lo describía, seguro que sería terriblemente feo. Además yo no conocía a Anita. ¿Por qué debía escucharla?

Dado que todavía faltaban cuatro meses para la cena, continué con mi vida y pronto Anita y la conversación fueron eclipsadas por otros acontecimientos. En diciembre, Kenneth y yo terminamos definitivamente con nuestra relación y yo le entregué el control a Dios. Le ofrecí mi futuro al Señor, le dije que soltaría las riendas, y que estaba dispuesta a ir y hacer lo que Él me hubiera llamado a hacer, con o sin Kenneth.

Exactamente tres meses después fui a dar mi conferencia en el Hilton. Me había olvidado por completo del ofrecimiento de Anita de presentarme a este muchacho del cual ella había hablado tan bien, esto es, hasta que él atravesó la puerta principal. Lo capté de reojo y decidí mirarlo más de cerca. Este hombre era tan delicado, ¡tan apuesto! En ese momento recordé que Anita había querido presentarme a alguien. ¿Podía ser éste el hombre del que ella me había hablado?

En efecto, Anita me presentó al Sr. Jerry Shirer. Conversamos brevemente y él me dijo que sabía quién era yo porque había estado yendo a nuestra iglesia durante más de cinco años. Como hay cuatro mil personas en la congregación, y Jerry solía sentarse en los balcones, jamás nos habíamos encontrado.

Ese día, 9 de marzo, nuestra conversación fue breve. Jerry no me pidió mi teléfono. De regreso a casa, sin embargo, revisé mi correo de voz desde el automóvil. Jerry ya había localizado mi número y me había dejado un mensaje preguntándome si quería salir a cenar. Le devolví el llamado y, dos días después, salimos en nuestra primera cita.

Este hombre era todo lo que siempre había querido. Todas las cosas por las que yo había orado, deseado y esperado que hiciera Kenneth, este hombre las hizo sin pensarlo dos veces. Fue más de lo que yo hubiera esperado. Por causa de mis heridas pasadas, mis miedos y mi bagaje emocional, le hice pasar un mal rato, pero fue persistente. Incluso cuando le dije que no estaba interesada en una relación comprometida, él se comprometió conmigo.

Jerry fue a hablar con mi padre sin que yo lo supiera y le pidió permiso para salir conmigo. Estaba decidido y eso me gustó. Un día, luego de haber salido casi seis meses, me dijo que quería llevarme a hacer unas compras. Fuimos a un centro comercial cercano y me llevó a algunas joyerías para ver anillos de compromiso. Casi me muero. No podía creer que él fuera tan serio. ¿Cómo podía estar tan seguro de mí en tan poco tiempo?

El paseo al centro comercial fue un jueves. Ese domingo mi abuela me llevó aparte y me dijo: "Priscilla, tú sabes que jamás he interferido en tu vida personal, pero solo quiero decirte que debes sacarte a Kenneth de la cabeza. Préstale más atención a este nuevo muchacho que te está dando vueltas. Cada vez que veo a Jerry, él está mirándote como si fuera a amarte, a cuidarte y a honrarte por el resto de tu vida. Tiene mucho amor en su corazón para darte. ¡Deberías casarte con él!"

¿Sabes? cuando tu abuela te da un discurso como ese, ¡sientes como si el Señor estuviera hablándote en persona! No podía creer lo que estaba escuchando. Ella no tenía idea de que él me había llevado a ver esos anillos tan solo tres días antes.

Bueno, llamé a Jerry y le dije que podíamos avanzar despacio hacia el casamiento. Pero todavía tenía miedo. "Si no puedo decidirlo en seis meses", le previne, "entonces definitivamente tendremos que separarnos".

En la medida que los días se volvieron semanas, fue cada vez más obvio que este hombre era todo lo que yo había pedido en mis oraciones. Otros muchachos habían sido agradables conmigo antes y me habían tratado de una manera maravillosa. Pero todos habían llegado en el momento equivocado. Este hombre llegó después de mi sacrificio al Señor. Después de que estuve dispuesta a soltar las riendas y permitir que Dios tomara el control de mi vida sentimental, este hombre fue el cordero. Apareció después de que se hiciera el sacrificio. Y si yo no hubiera hecho el sacrificio, me habría perdido la liberación, el milagro y la victoria.

El 26 de noviembre de 1998, el día de Acción de Gracias, Jerry le preguntó a mi padre si podía casarse conmigo. Siendo la clase de padre que es, ¡papá esperó hasta el 26 de diciembre para que Jerry pusiera por escrito su pedido! (Mi abuelo le había puesto la misma condición a él.) Jerry le escribió una hermosa carta a mi padre explicándole por qué me amaba y por qué quería casarse conmigo. Dos semanas después, mi padre le respondió a Jerry y le dio permiso para proponerme matrimonio.

El 12 de febrero de 1999, Jerry me propuso matrimonio durante una función televisiva que se transmite en vivo desde Dallas. Yo estaba haciendo un reportaje en uno de nuestros programas, ¡cuando Jerry apareció e hizo la pregunta saliendo al aire! Hubo un violinista, rosas, todo. Fue un hermoso recuerdo que siempre tendré conmigo en una cinta de video. Jerry Shirer es todo lo que he querido siempre de un esposo. Nos casamos el 24 de julio de 1999 en Dallas.

Piensa en lo siguiente

✠

*Si pudieras pintar el cuadro perfecto de cómo Dios
te enviaría a tu compañero, la escena sería…*

✠

*Si ya estás casada, ¿cómo se compara esto con la
manera en que tú y tu esposo se unieron?*

✠

*¿De verdad crees que Dios puede hacer cosas por ti que van
más allá de tus sueños más locos?*

✠

¿Qué quiere Dios que sacrifiques por Él?

✠

¿Qué es para ti lo más difícil de sacrificar para Dios? ¿Por qué?

✠

*¿Cómo sabrás cuando haya llegado tu milagro?
¿Qué estás buscando en un compañero?
¿En el trabajo? ¿En tus amigos?*

✠

¿Estás dispuesta a esperar por lo mejor que Dios quiere darte? Explícalo.

Oración
de entrega

Te adoro, Señor, porque eres el Dios de los milagros. Te agradezco que cuando yo pienso que he perdido toda esperanza, todavía tienes otro plan de acción en mente. Te alabo, Padre, porque cuando lo que yo quiero no es lo mejor para mí, me presentas algo mejor. Celebro que, de acuerdo con tu Palabra, tú puedes hacer más de lo que yo puedo pedirte o imaginar. Tengo algunas ideas de cómo me gustaría que fuera mi_____, pero confío en ti. Es más, confío en ti no solo en esta área sino que también tomo el compromiso de confiar en ti en todos los aspectos de mi vida. Ya sea que esté buscando un trabajo, una casa o el compañero perfecto, tendré la convicción de que aun cuando no parezca haber esperanza ni respuesta, tú mantendrás el control y tendrás un carnero enredado en el arbusto. Te agradezco que todavía hagas milagros. ¡Estoy a la espera de los milagros que pronto harás en mi vida! En el nombre de Jesús, amén.

En el nombre de Jesús, amén.

Fecha de hoy:

_____

CAPÍTULO 8

LA RESTAURACIÓN DE LA JOYA

Hasta el momento has escuchado mucho sobre ser una joya en la corona del Rey. Pero quizás todavía estés desanimada. Tal vez empieces a entender que el Señor piensa que eres preciosa y que no tienes precio, pero no puedes sentirlo por completo en tu corazón. Si es así, tienes que darle a Dios la oportunidad de restaurar la gema única y hermosa de tu vida, para que puedas tener la certeza de que estás sumando brillo a su corona.

Quizás hayas tenido una relación sentimental que te robó el respeto de ti misma. Con tanta desesperación querías la aprobación de alguien, que te sacrificaste en el altar de su aceptación. Quizás hayas roto la relación con una amiga o un novio y te sientes un fracaso. Tal vez hayas sido abusada de pequeña, o hayas abusado de ti misma con un discurso negativo sobre tu apariencia física o tus capacidades. O quizás una enfermedad emocional, mental o física haya cobrado su precio. Cuales sean tus circunstancias particulares, el Dios que nos ama es capaz de levantarnos el espíritu y recordarnos nuestra importancia.

LA LEY DE LA GRACIA DE DIOS

He aprendido muchas cosas en el seminario, algunas sobre Dios y algunas sobre mí misma. Puedo recordarme sentada en una clase, con un pañuelo de papel en una mano (por las dudas empezara a derramar lágrimas, ya que todavía me sentía herida por Kenneth) y tomando apuntes con la otra mano. El doctor Lanier Burns era quien daba aquella clase en particular y me sentí tan movilizada por sus palabras. Comenzó hablando del concepto teológico *visión creacional del mundo*. Mientras tomaba notas, yo no tenía idea de que lo que estaba a punto de decir cambiaría mi vida.

La visión creacional del mundo expresa algo así: Si Dios puede hacer que la hierba crezca y que los cielos traigan lluvias; si puede mantener la tierra rotando sobre su eje a una distancia que no sea ni demasiado cercana ni demasiado alejada del sol para que los seres humanos vivamos; si puede iluminar el mundo entero con la luz del sol, las estrellas y la luna; si pudo concebir un plan de expiación para la salvación de todo el mundo, seguramente Él puede cuidar bien de ti y de mí.

Si el Dios todopoderoso es capaz de dirigir el universo, entonces también te tiene cubierta. En algún momento de tu vida tal vez te hayas sentido terriblemente derrotada, convencida de que nada podría sacarte del hoyo donde estabas. ¡Déjame que te presente a Jesús, el Autor y Consumador de nuestra fe!

Jesús ha prometido que será fiel en completar la buena obra que comenzó en ti desde el momento que te convertiste en una mujer de la corte del Rey. Tú eres su joya extraordinaria, y Él está decidido a refinarte hasta convertirte en la piedra preciosa más brillante posible. Él piensa que vales el esfuerzo y no se ha olvidado de quién eres. ¿Tú sí?

Puede ser que tu familia se haya distanciado de ti porque quedaste embarazada cuando eras soltera, o porque parece que no puedes dejar el vicio de las drogas o del alcohol. Te miras al espejo y te sientes inútil. Tu empleo sin futuro, en un escritorio de ocho a cinco, te hace sentir claustrofóbica. Siempre has querido ser tu propia jefa y poner tus horarios, pero los planes para tu nuevo negocio nunca despegaron. Descansa segura: Lo que Dios piensa de ti deja sin efecto lo que el mundo piensa de ti y lo que tú piensas de ti misma. La opinión de Dios pesa más que la tuya y la de todos los demás. ¿Acaso ésta no es una buena noticia?

Mientras viajaba en avión hace poco tiempo, caí en la cuenta de que la aeronave estaba desafiando la ley de la gravedad. Todos saben que lo que sube tiene que bajar, y sin embargo, no estábamos cayéndonos desde el cielo. ¿Por qué? Porque la ley de la aerodinámica que utilizamos al volar reemplaza a la ley de la gravedad. ¡Bueno, aleluya! Eso es lo que la sangre de Cristo hace por ti y por mí. Vence a la ley del pecado y la muerte.

En términos humanos, puede ser que merezcamos poco respeto y honra, pero como mujeres de la corte del Rey, nos beneficiamos con la nueva ley que sustituye la vieja ley. La Palabra de Dios dice: "ustedes estaban muertos en sus transgresiones y pecados" (Efesios

2:1). Pero este ya no es el caso, porque hemos sido liberadas por la nueva ley: "Así el pecado no tendrá dominio sobre ustedes, porque ya no están bajo la ley sino bajo la gracia" (Romanos 6:14).

El pecado nos domina, manteniéndonos atadas y frustradas. Irónicamente, las mismas cosas que creímos que nos darían satisfacción y alegría, son las que nos roban la paz y el poder. Es posible que tus pecados (incluso aquellos que solo consideras malos hábitos) impidan que alcances tu potencial en Cristo Jesús. ¡Pero no te desesperes! Quiero recordarte que ya no tienes que estar atada. Según mi versículo favorito de la Biblia (Gálatas 5:1), "Cristo nos libertó para que vivamos en libertad".

Jesús quiere que seas libre para brillar para Él de una manera que nunca creíste posible. Él te ha provisto los medios; se llaman gracia. La nueva ley de la gracia reemplaza las viejas leyes que impedían que alcanzáramos nuestro potencial completo como mujeres de la realeza. Y esa nueva ley puede bendecirnos con nuevo brillo y belleza.

*C*UANTO MÁS TE SEA PERDONADO, MÁS AMARÁS

Jesús le prestó una atención especial a quienes más lo necesitaban. No le interesaba andar con los fariseos, sino con los afligidos por las enfermedades y la oscuridad espiritual.

Los fariseos creían saberlo todo. Con sus ropas extravagantes y su gran saber, querían impresionar a quienes los rodeaban. Pensaban que eran demasiado justos como para necesitar la ayuda de Jesús. Querían hacerlo parecer tan malo como fuera posible porque estaba distrayendo a la gente de ellos y de su religiosidad. ¿Sabes qué? Lograron exactamente lo que buscaban: ¡nada! Si tú no sabes que necesitas ayuda y no estás dispuesta a ser sincera con Dios, no conseguirás nada de Él.

Pero tú y yo sabemos que lo necesitamos, y hemos decidido ser sinceras con Él. Entonces, aceptemos el ofrecimiento que Jesús nos hace de amarnos incondicionalmente, aun cuando nos encontró en el pozo que habíamos cavado nosotras mismas. Él dice: "No son los sanos los que necesitan médico sino los enfermos. Y yo no he venido a llamar a justos sino a pecadores" (Marcos 2:17).

Un día, una mujer se acercó a Jesús. Era pecadora, y todo el pueblo lo sabía. Estaba destrozada, tanto por dentro como por fuera. Estaba completamente destruida y ya no quedaban rastros de su belleza ni de su valor. Estaba afligida por su historia de pecados y sus hechos ocultos; casi había renunciado a toda esperanza.

Jesús estaba cenando con un grupo de fariseos. Esta mujer entró con audacia a la sala y se ubicó a los pies de Jesús; se sentó allí y lloró, permitiendo que sus lágrimas calientes cayeran sobre los pies del Maestro. Luego, para sorpresa de todos los presentes, empezó a secar con su largo cabello los pies de Jesús. Nadie podía creer la osadía de esta mujer al secar los pies de Jesús de esa manera.

Los fariseos habían intentado por todos los medios ponerle una trampa a este hombre. Querían demostrar que Jesús era un impostor y hasta ese momento no lo habían logrado. No habían conseguido ninguna evidencia en su contra. Pero aquí estaba Él, sentado con una mujer de mala reputación y permitiendo que lo tocara. Era una mujer obscena que se había deshonrado a sí misma durante años.

Los fariseos tomaron nota de que Jesús ni siquiera se inmutó cuando ella se sentó junto a Él. En su mirada, no tenía otra cosa más que compasión por esta mujer, por esta pecadora. Le preguntaron cómo podía justificar el hecho de estar sentado con una mujer como ella y permitir que lo tocara de una manera tan íntima. Quiero decir: ellos no se hubieran sentado con ella. De inmediato la habrían expulsado de allí.

Cuando lo cuestionaron, Jesús simplemente dijo que ella lo quería mucho, porque eran demasiados los pecados que le habían sido perdonados a ella (Lucas 7:47). Este fue el final del asunto. Sin reprenderla, sin juzgarla, sin maltratarla. Simplemente, la perdonó.

Quizás te hayas metido deliberadamente en una relación impura y ahora estás sufriendo por eso. O puede ser que tu falta de autovaloración se deba a otro pecado. Cualquiera sea el caso, el Señor está junto a ti con los brazos extendidos, invitándote a que vuelvas a Él, a la paz, la alegría y la comprensión de tu verdadero valor y precio en Cristo Jesús. Lo único que tienes que hacer es acercarte en este momento y sentarte a los pies de Jesús. Él te sonreirá con dulzura, te secará las lágrimas y perdonará tus pecados.

Reconstruir el templo

El libro de Hageo es uno de mis favoritos de la Biblia. Está escondido entre unas pocas páginas del Antiguo Testamento, pero su mensaje es poderoso. La Biblia no nos dice mucho acerca del profeta Hageo. No sabemos sobre su educación ni sobre su linaje, pero de este libro aprendemos que era de buen corazón como para darse cuenta del potencial que tenían las personas en el Señor. Dios tenía la solución para el problema descrito en el libro de Hageo, y tiene la solución para ti y para mí en nuestra lucha por reconstruir nuestra vida.

En los tiempos de Hageo el ejército babilónico había destruido por completo la ciudad de Jerusalén, incluso su templo. Tienes que entender que el templo era el principal punto de reunión para todos los judíos. La gloria suprema de la ciudad era el templo. Era una joya de la cual la gente de Jerusalén estaba orgullosa.

Las actividades de la nación de Israel se centralizaban alrededor del templo, dándole al pueblo no solamente un sentido de unidad, sino también un lugar de encuentro con Dios. El templo había sido una fuente de gozo y orgullo por generaciones. Y ahora había desaparecido. No solo el templo ya no estaba, sino que el ejército babilónico también había tomado cautivo al pueblo judío de manera que ni siquiera podían intentar reconstruir su templo.

¿Qué te ha quitado el diablo? ¿Qué "templo" te ha arrebatado en el acto de robarte tu orgullo y tu gozo? Tal vez ya no seas virgen. Regalaste tu virginidad sin siquiera resistirte, y ahora lo lamentas desesperadamente. Tal vez ya no tengas respeto de ti misma. Quizás hayas perdido a tu esposo o a tu familia.

O tal vez sientas que permaneces cautiva de Satanás. Sientes que no te ha robado solamente tu templo, sino que además te ha atrapado para que no puedas ni siquiera intentar reconstruir el centro de tu vida. Te ha sacudido tan violentamente, con tanta severidad, que te sientes como una gema que ha perdido su brillo. Necesitas que te restauren.

Después de varios años, los judíos fueron liberados y se les permitió regresar a sus casas, y su prioridad número uno fue reconstruir el templo. No obstante, muchos de sus enemigos hicieron todo lo posible por mantener el templo en ruinas y fuera de servicio. Sabían que si el templo era reconstruido los judíos recobrarían el poder espiritual, político y militar perdido. Nuevamente representarían una amenaza para las demás naciones.

Por lo tanto, los enemigos de Israel hicieron todo lo posible para oprimir el eje de poder de esta comunidad. (¿Tienes amistades como estas?) Sin embargo, después de cierto tiempo, ya no eran los enemigos quienes les impedían a los judíos reconstruir su templo. Los mismos judíos extrañamente se habían acomodado a vivir sin su centro de adoración. Interrumpieron sus tareas de reconstrucción. La parálisis espiritual se había instalado.

Quizás estaban hartos y cansados de intentarlo. Sus esfuerzos parecían pasar inadvertidos para Dios. Estaban agotados de tanta oposición. Cualquiera haya sido la causa, se volvieron complacientes y cómodos sin el templo.

¿Te has acostumbrado a no tener templo? ¿Acaso has perdido algo demasiado importante y, en vez de intentar enderezarte, te paralizaste espiritualmente? A lo mejor alguna vez te interesó tratar de reconstruir tu templo, pero todos los amigos perezosos que te rodean se te han pegado. Y ahora no tienes la fuerza de voluntad necesaria para finalizar la tarea.

RECUPERAR EL BRILLO

Cuando era una niña, mis padres solían llevarnos al circo y los chicos siempre queríamos que papá nos comprara esas cosas que brillan en la oscuridad; ya sabes, esos artilugios coloridos que te atas a los brazos, a las piernas y al cuello, y brillan. Los disfrutábamos a pleno. Pero, ni bien llegábamos a casa, nos sentíamos decepcionados porque el brillo había desaparecido. ¡Sobre todo mis padres, después del dinero que gastaban en esas cosas!

Mi papá descubrió un pequeño truco: si ataba esas cositas durante un rato a un tubo fluorescente, volvían a tener brillo. Pero una vez que las sacabas de la bombilla de luz, volvían a perder el brillo. Nunca nos habíamos dado cuenta de que cuando los exhibían, esos juguetes coloridos estaban puestos debajo de una fuente de luz. Por esa razón seguían brillando.

Bien, quizás tu brillo haya desaparecido, como le pasó a Israel. Tal vez hayas perdido tu fuego y tu luz. Quizás tenga mucho que ver con que no estás aferrada a la luz. Necesitas la luz de la Palabra de Dios y de amigos que te alienten y te enciendan con su deseo de vivir para Cristo. Si tu brillo se ha ido, mira bien a qué estás aferrada.

El pueblo judío había renunciado a su intento de reconstruir el templo pero Dios no estaba satisfecho con su decisión. Por lo tanto, Él levantó al profeta Hageo y le dio la tarea de decirle al pueblo qué pensaba Dios de su pequeña fiesta de autocompasión.

El Señor habló a través de Hageo y lo primero que el profeta hizo fue decirle al pueblo que miraran dentro de sí mismos. Les dijo que miraran su interior y el desastre que habían hecho intentando hacer las cosas por su cuenta. Dios dice en Hageo 1:5-7:

¡Reflexionen sobre su proceder! Ustedes siembran mucho, pero cosechan poco; comen, pero no quedan satisfechos; beben, pero no llegan a saciarse; se visten, pero no logran abrigarse; y al jornalero se le va su salario como por saco roto... ¡Reflexionen sobre su proceder!

El pueblo había echado mano de toda excusa habida y por haber para no reconstruir el templo. Dijeron que todavía no había llegado el momento (v. 2). Pero Hageo desenmascaró su pereza: era nada más que una débil excusa. El pueblo no tenía tiempo para la casa de Dios, pero sí lo habían tenido para construir sus propias casas techadas, según el v. 4. Sus prioridades no eran correctas. Tenían tiempo para cualquier cosa, excepto para lo que Dios les había encargado que hicieran. Y estaban cosechando las consecuencias.

Mientras tanto, el pueblo de Dios estaba tratando de llenarse de comida, bebida y dinero, pero así y todo, no estaban satisfechos. ¿Sabes por qué? Tú puedes hacer todo lo que quieras, pero si no es lo que Dios te ha llamado a hacer, estarás incompleto e insatisfecho.

Dios quiere que hoy "reflexiones sobre tu proceder". ¿Qué estás haciendo que te impide alcanzar todo tu potencial como mujer en la corte del Rey? ¿Qué estás haciendo que impide que la gema de tu vida sea puesta firmemente en la corona del Rey? ¿Puede ser por tu culpa que necesites ser nuevamente restaurada y afianzada?

Cada intento que haces por autorrealizarte de maneras que Dios no ha determinado para ti, no solo te dejará insatisfecha, sino que también a la larga impedirá que alcances tu pleno potencial. A lo mejor piensas que no estás haciendo nada malo con tu tiempo y tus energías. No estás pecando, pero ¿qué pasa con los estorbos que impiden que tu templo sea restaurado? Todo lo que no esté agresivamente relacionado con la reconstrucción de tu templo es, como lo llama Pablo en el libro de Romanos, un "estorbo" (RVR60). Y nosotras no tenemos tiempo para los estorbos.

TIEMPO Y ARENA

Hasta las cosas malas de tu vida pueden ser usadas por el Señor para enseñarte alguna lección invalorable que, de otra manera, no podría ser aprendida. Cuando los babilonios destruyeron el templo, los judíos experimentaron la adversidad y no podían explicarse por qué. Dios podría haber intervenido en cualquier momento y hacerlos llevar a cabo su tarea. Pero en su sabiduría, el Señor quería que aprendieran algunas lecciones importantes que no habrían aprendido si Él hubiera intervenido de inmediato.

Uno de mis profesores favoritos en el Seminario de Dallas era el Dr. Ronald Allen. Es un maestro y un amigo estupendo. Fue uno de mis profesores favoritos porque su clase siempre era divertida y emocionante. Una noche, durante una clase del doctor Allen, él interrumpió el fluir de sus ideas para decirnos algo que no parecía estar relacionado con la discusión de ese momento. Solo sintió la necesidad de compartirlo con nosotros, y fue realmente poderoso. El doctor Allen dijo: "Verán, muchachos, el desierto tiene arena y Dios tiene tiempo".

Lo miramos desconcertados; no teníamos idea a dónde estaba yendo. Pero eso fue lo que nos dijo. Los hijos de Israel estuvieron durante mucho tiempo en el desierto. Habían sido liberados del cautiverio y ahora andaban errantes, esperando que Dios los llevara a la Tierra Prometida.

Habían esperado durante largo tiempo, y estaban comenzando a descreer de las promesas de Dios. Ya no sabían si podían seguir confiando en sus palabras porque su cumplimiento se demoraba demasiado. Lo habían visto obrar milagros en Egipto y sabían que los había rescatado de la esclavitud, pero ahora su fe estaba vacilando.

Dios les había enviado comida desde los cielos y había saciado su sed con agua que brotaba de una roca. Él los había salvado, permitiéndoles caminar a través del Mar Rojo sobre tierra seca y había dado muerte a sus enemigos cerrando las aguas sobre el faraón y su ejército. Los israelitas habían visto un milagro tras otro, pero seguían quejándose, lamentándose y cuestionando la capacidad de Dios para cuidarlos. Por su desobediencia e infidelidad, el pueblo de Dios fue obligado a deambular por el desierto hasta que esa generación de israelitas muriera. Y ahora los hijos de ellos vagaban por el mismo desierto.

Dios los miró y dijo: "Yo les he prometido lo que haré por ustedes si tan solo me obedecen. Ahora, ustedes pueden ser como sus padres y dar vueltas durante otros cuarenta años, o pueden confiar en mí, seguir mis directivas y hacer lo que los he llamado a hacer. La elección es de ustedes. *¡Tengo tanto tiempo como granos de arena tiene el desierto!*"

Hoy en día, Dios te hace la misma petición, hermana. ¿Seguirás haciéndolo a tu manera? ¿O permitirás que el Señor haga ocurrir las cosas que te ha prometido? El Señor tiene una lección para que aprendas, pero corre por tu cuenta cuánto tardes en aprenderla. Puedes deambular durante otros cuarenta años, o puedes obedecerlo ahora mismo.

¿Sientes como si estuvieras dando vueltas en círculos sin ninguna dirección ni guía? Tal vez tu problema sea como el de los judíos que relata el libro de Hageo. Estaban tan interesados en hacer sus cosas que se olvidaron de seguir al Señor y de serle obedientes. A causa de su desobediencia y falta de fidelidad, el Señor les dijo:

Ustedes esperan mucho, pero cosechan poco; lo que almacenan en su casa, yo lo disipo de un soplo. ¿Por qué? ¡Porque mi casa está en ruinas, mientras ustedes solo se ocupan de la suya!... Por eso, por culpa de ustedes, los cielos retuvieron el rocío y la tierra se negó a dar sus productos. Yo hice venir una sequía sobre los campos y las montañas, sobre el trigo y el vino nuevo, sobre el aceite fresco y el fruto de la tierra, sobre los animales y los hombres, y sobre toda la obra de sus manos (Hageo 1:9-11).

Probablemente el pueblo de Dios se preguntara de dónde vendrían la sequía y la hambruna. No entendían que *ellos* eran el problema. Estaban obstruyendo sus propias bendiciones. Eran la causa de su incapacidad de alcanzar todo su potencial. Era por culpa de ellos.

¿Eres la culpable de tu destrucción? Qué tonto estar en una confusión y no saber que el desorden fue causado por tu propia negligencia. Más tonto aún es saber que tú eres el problema y no hacer nada al respecto.

Afortunadamente, el descarriado pueblo de Dios tenía a Hageo para recordarles que obedecieran al Señor. Y tú, hermana, ¡me tienes a mí! Estoy aquí para recordarte que obedezcas a Cristo, *ahora*. De lo contrario, deambularás por otros cuarenta años. La elección es tuya, pero recuerda: Dios tiene tanto tiempo como arena tiene el desierto.

"*Señor, tú eres el mismo...*"

Los judíos estaban ocupados haciendo sus cosas y habían desperdiciado tiempo valioso necesario para alcanzar los objetivos del Rey. Tiemblo por la cantidad de tiempo que he malgastado como hija del Rey Jesús.

A veces, por las tontas ambiciones que pensaba que valían mi tiempo y esfuerzo, he puesto una barrera entre mi potencial y yo misma. Muchos de esos esfuerzos una vez concluidos, me dejaron un enorme vacío.

Los artistas cristianos contemporáneos Billy y Sarah Gaines son buenos amigos míos. Cuando tenía 14 años, me regalaron uno de sus CDs, y esta canción todavía suena convincente, después de todos estos años:

El mismo todo el tiempo

Sé que a veces las cosas que pensamos son eternas
se apagan como el final del día.
A veces las cosas que pensamos son seguras,
mueren.
Sé que a veces las cosas que buscamos y encontramos
rompen nuestro corazón y nuestra mente
Pero, Señor, tú eres el mismo.
¡El mismo todo el tiempo!

No sé en tu caso, pero mi corazón y mi mente han sido rotos y han necesitado restauración. Mi sentido de valor llegó a su mínimo histórico. Este templo mío necesitó ser restaurado. A veces, he luchado por comprender por qué me sucedían ciertas cosas. Cada situación que pueda recordar en la cual haya sido destruida interiormente, fue una situación a la que Dios no me había llamado a formar parte. Estaba edificando mi propia casa, y consideraba muy poco el templo del Señor, que yacía desolado. Como el pueblo de Israel, puse una excusa tras otra, y todas esas excusas me dejaron la casa construida, pero vacía e insatisfecha. Tan solo la fidelidad de Dios me ha restaurado y me ha permitido ser restaurada en su corona.

Mejor que antes

Zorobabel, el gobernador de Judea en tiempos de Hageo, estaba entusiasmado por el deseo de reconstruir el templo. Asimismo, el espíritu del pueblo había rejuvenecido, y comenzaron la tarea de reconstruir la casa del Señor. Pero entonces surgió un pequeño problema. El pueblo comenzó a comparar la obra que estaban haciendo, con el magnífico templo de Salomón, el cual había sido destruido 66 años antes.

El templo de Salomón había sido una obra extraordinaria y algunas personas recordaban vívidamente su gloria. Los judíos habían llegado a desanimarse grandemente porque no había manera de que pudieran crear nada tan hermoso como lo que alguna vez les había pertenecido. Estaban desilusionados. Sentían que no lograrían gran cosa.

Yo me he sentido de esa forma. ¿Tú no? Por fin estás tratando de hacer las cosas a la manera de Dios, pero pareciera que el esfuerzo no vale la pena. Quiero decir, ya has perdido la virginidad, así que ¿para qué tratar ahora de mantenerte pura? Ya has probado las drogas y el alcohol, ¿para qué intentar ordenar tu conducta? Ya has intentado suicidarte una vez, o dos, quizás hasta tres veces. Ya te sientes derrotada.

"Vamos", te dices a ti misma, "¿realmente crees que valga la pena todo este esfuerzo? Seguramente podré reconstruir mi templo, pero ¿para qué? No será nada en comparación con lo que fue antes de que lo arruinara todo. El daño ya está hecho. ¿De verdad piensas que esto valga la pena?"

Déjame decirte lo que Dios le dijo a los judíos: "¡Ánimo!... ¡Manos a la obra, que yo estoy con ustedes!... Y mi espíritu permanece en medio de ustedes... No teman" (Hageo 2:4-5). Dios tiene bajo control todas las cosas que te dan miedo. Él es soberano y, en este preciso instante, está obrando "todas las cosas para el bien de quienes lo aman" (Romanos 8:28). Todo lo que tienes que hacer es confiar en Él y creer que Él hará lo que dice que hará.

¿Por qué te pediría el Dios todopoderoso que reconstruyeras el templo si eso no se pudiera hacer, y hacerse bien? ¿Por qué querría desperdiciar tu tiempo? ¿Recuerdas la visión creacional del mundo? Si Él puede cuidar de todo el universo, ¿qué te hace pensar que no puede cuidarte a ti, pequeña? Servimos a un Dios capaz de hacer todas las cosas. Vale la pena que lo repita: "Al que puede hacer muchísimo más que todo lo que podamos imaginarnos o pedir" (Efesios 3:20).

El Señor le dijo algo sorprendente a su pueblo. Les prometió que si continuaban haciendo lo que les había pedido, no solamente les daría un gran templo, sino que además "[llenaría] de esplendor esta casa" (Hageo 2:7). Y ahora, aquí viene lo bueno: Él le hace otra promesa a su pueblo, y la misma promesa te la hace a ti. Hageo, capítulo 2, versículo 9: *"El esplendor de esta segunda casa será mayor que el de la primera"*.

Hermana mía: Eso es lo que Él quiere para ti y para mí. Es para decirlo a gritos. ¡Quiere hacernos mejores que nunca! A pesar de los errores, a pesar del pecado, y a pesar del dolor y las heridas que han derribado tu autoestima, Él quiere restaurarte y hacerte mejor que nunca.

¿Te has dado cuenta de que las cosas de la vida que valen la pena, merecen esfuerzo y espera? Todo lo que viene demasiado fácil no es atesorado, pero cuanto más esfuerzo tengamos que poner para obtener algo, más importante será para nosotros. Dios sabe que no será fácil, pero quiere que te concentres en reconstruir: tu valor, tu importancia, tu potencial, tu autoestima, tu templo.

Si dejas de lado el pecado y los estorbos de tu pasado, y confías a Dios tu presente y tu futuro, Él hará algo más que guiarte en la reconstrucción de lo que fue destruido. Se asegurará de que el esplendor final brille mucho más que la antigua gloria. ¿No es asombroso?

No entendemos por qué no nos sentamos y esperamos que Dios reconstruya el templo para nosotras. ¡Pero es que no funciona de esa manera! Tenemos que tomar todos los días nuestra cruz y seguirlo (Mateo 16:24). Hacer eso te costará más.

De la misma manera que los judíos tuvieron que reconstruir su templo, tú y yo tenemos que hacerlo con el nuestro. En un sentido similar, aunque no tenemos precio, y somos joyas hermosas en la corona del Rey, de vez en cuando necesitamos que vuelva a pulirnos y restaurarnos, para que brillemos para Él al máximo de nuestra belleza. No será fácil. No se logrará sin un costo. Pero valdrá el esfuerzo.

Piensa en lo siguiente

☩

¿De qué formas ha sido destruido tu templo?

☩

*¿Qué estás haciendo en este momento para
colaborar en tu propia destrucción?*

☩

*¿Parece como si siempre estuvieras dando vueltas,
sin progresar hacia tus objetivos? Explícalo.*

☩

*¿Qué te está pidiendo el Señor que hagas ahora para empezar
a construir el templo en tu vida?*

☩

*¿Crees verdaderamente que Dios es capaz de
reconstruir el desorden que ya hiciste?
¿Por qué sí o por qué no?*

☩

¿Por qué es importante para ti recuperar lo perdido?

Oración
de entrega

Hoy estoy comprometiéndome contigo nuevamente, Señor. Estoy destroza-
da y herida porque_____.
Sé que mi templo ha sido destruido. Hoy quiero empezar a reconstruirlo.
Reconozco haber hecho las cosas a mi modo durante tanto tiempo, que me
siento escéptica sobre si realmente pueda reconstruir o no mi templo.
Pero de acuerdo al libro de Hageo, yo puedo hacerlo a través de ti y de tu
poder. Estoy ansiosa por ver el producto terminado de lo que estás obrando
en mi vida. Te alabo porque, sin importar lo que he hecho, hoy puedes reha-
cer, reformar y volver a moldearme como una mujer con una gloria más
grande.
Sé que me has dado todos los materiales que necesito para reconstruir el tem-
plo. Ahora, Señor, dame también la fuerza para lograrlo. Te daré todo el
honor y toda la gloria y proclamaré tus milagros y tu misericordia a ésta y
a todas las generaciones. Te alabaré y hablaré de ti a todas las personas que
conozca. Siempre le diré a todo el mundo que mi Señor me ha restaurado y
me ha hecho nueva. Señor, no lucharé contra ti ni seré rebelde.
¡Cambia mi vida para poder ser mejor que antes!

En el nombre de Jesús y por sus méritos, amén.

Fecha de hoy:

_____

CAPÍTULO 9

UNA ESMERALDA LLAMADA GRACIA

De todas las espléndidas joyas atesoradas en cofre de los tesoros del Rey, ninguna es más hermosa que la esmeralda llamada "gracia". En su maravillosa gracia, Dios pasa por alto nuestras heridas y pecados, y nos ama tal cual somos. En su gracia, mira más allá de nuestras faltas y ve nuestras necesidades. En su gracia, este magnífico Dios nuestro se acerca a nosotras cada día de las formas más inimaginables. En la medida que adornamos como joyas su corona, la esmeralda de la gracia de Dios brilla y resplandece en nuestra vida, haciéndonos más hermosas y valiosas de lo que jamás hubiéramos podido ser sin ella.

DECIDIDA A ENCONTRARSE CON JESÚS

El evangelio de Lucas está lleno de historias de cómo Jesús les concedió su gracia a ciertas personas en el momento de necesidad más apremiante. Cuando los que lo buscaban estaban desesperados por su ayuda, Jesús se presentaba y les daba aquello que necesitaban. Desde los discípulos fieles a los enfermos, desde los piadosos a los pecadores en dificultad, Jesús les brindaba su gracia a las personas cuando más lo necesitaban.

De la misma manera, Cristo quiere conocerte en tu más profunda necesidad. Quiere acercarse y recuperar lo perdido. Si eres como yo, necesitas que Cristo te tome de la mano y te guíe a un lugar de sanidad. Tal vez hayas hecho un desastre con tu vida, y tus heridas y problemas son incontables. Pero es precisamente en tu flaqueza y fracaso que Dios quiere encontrarse contigo, ofrecerte su gracia, desafiarte a que lo conozcas más íntimamente, y que vivas con más éxito.

Durante su ministerio terrenal Jesús tocó la vida de las personas en la situación en la que se encontraban. Observa lo que hizo por la mujer descrita en Lucas 8.

Cuando Jesús volvió de la tierra de Gadara, se encontró con muchas personas que lo esperaban. En realidad, *muchos* es poco decir. Había miles de personas. El pueblo le dio la bienvenida porque habían estado esperándolo. Y ese día, entre la multitud había una mujer que si no hubiera estado esperando a Jesús se habría perdido la experiencia que cambiaría su vida.

Mientras Jesús y sus seguidores avanzaban lentamente por las calles, un hombre se acercó a Él y le dijo que su hija estaba muy enferma, casi a punto de morir. Era una persona importante, un principal de la sinagoga, e imagino que cuando se acercó a Jesús, todos se hicieron a un lado para dejarlo pasar.

La gente probablemente se daba cuenta de que Jesús no tendría tiempo para las necesidades de todos, pero seguramente habrán sentido que tendría tiempo para escuchar el pedido de este hombre. Era una persona importante para la comunidad y era un hombre religioso. Seguramente Jesús se ocuparía de él. Apenas había espacio para caminar, pero este hombre pudo caer a los pies de Jesús. De alguna manera, le hicieron lugar para que se postrara delante de Jesús y le expresara su pedido. Y este hombre tenía un pedido demasiado importante para hacer: Su hija de 12 años estaba enferma y necesitaba que Jesús la sanara.

Jesús emprendió camino hacia la casa de este hombre importante, y la multitud volvió a rodearlo y a presionarlo mientras caminaba a su lado. Sin embargo, de pronto Jesús se detuvo y miró a su alrededor. No podía seguir caminando porque algo le había llamado la atención. La hija de 12 años de este hombre importante estaba al borde de la muerte, pero de repente, Jesús parecía no tener apuro. En lugar de eso, se detuvo y dijo: "¿Quién me tocó?"

Me imagino la expresión desconcertada de la gente. Es casi seguro que algunos de sus críticos habrán pensado que este hombre llamado Jesús, sí estaba loco, después de todo. Había miles de personas empujándolo mientras caminaba, ¡y quería saber quién lo había tocado! Hasta sus discípulos estaban un poco inquietos. Se volvieron a Él y le explicaron, como si no lo supiera, que había muchas personas alrededor, y todas ellas trataban de tocarlo, intentando acercársele todo lo posible.

Jesús dijo: "No, alguien me ha tocado ... yo sé que de mí ha salido poder" (Lucas 8:46).

Aunque había muchas personas empujándolo y chocándose contra Él mientras se dirigía a sanar a la hija del hombre importante, hubo cierto contacto que reconoció. En realidad, resultó una transferencia de poder de Él hacia la persona que lo había tocado. Había algo único e íntimo en ese toque.

Todos miraron perplejos a su alrededor y nadie se adelantó, por lo menos no inmediatamente. Entonces, la misma multitud que había hecho lugar para el hombre importante, hizo lugar para esta pequeña y delicada mujer. Salió de entre la muchedumbre y cayó delante del Maestro.

Esta mujer había estado enferma durante 12 largos años. Sufría un flujo de sangre que nunca había cesado. En esa época, cuando una mujer tenía su período menstrual, era enviada hacia las afueras de la ciudad porque se la consideraba impura. Se le pedía que permaneciera allí, excomulgada de la vida normal durante siete días, hasta que hubiera terminado su ciclo menstrual. Este era, obviamente, un momento dificilísimo para estas mujeres, pues tenían que abandonar amigas, padres, hijos, maridos y seres queridos y debían quedar excluidas de la comunidad.

¿Cómo hubiera podido saber esta pobre mujer, años atrás, que la excluirían de por vida? ¿Cómo podría haber adivinado que en los siguientes 12 años no vería a sus familiares ni amigos? ¡Cuán desolada se habrá sentido al ver que después del séptimo día, del séptimo mes, del séptimo año, todavía no podía regresar a la vida en familia que alguna vez había tenido! Por causa de este continuo flujo de sangre, fue apartada de todos los que la amaban y de quienes ella amaba.

Imagino que después de tanto tiempo, habría renunciado a toda esperanza de restauración y liberación. La vida se le estaba escurriendo. Cada día estaba más cerca de la muerte, sintiendo que la esencia de su vida se le iba gota a gota. Había sido empujada a la desesperación.

Es probable que estuviera frágil y débil. Estoy segura de que la pérdida de sangre había traído consigo muchos efectos secundarios devastadores. Se mareaba y estaba fatigada a causa de la anemia, por la falta de nutrición a los órganos vitales que sostenían su vida. La sangre estaba literalmente fluyendo fuera de su cuerpo. Apenas podía caminar.

Entonces, un día especial, escuchó que Jesús pasaba.

Usó cada pizca de fuerza que tenía para levantarse de su posición fetal y, caminando y arrastrándose a medias, llegar a la esquina donde esperaba que Jesús apareciera. Sabía que ella no debía estar cerca de otras personas, porque era impura, pero estaba desesperada por recibir ayuda. Necesitaba a Jesús. ¿Pero cómo podría acercarse a Él?

No mucho tiempo después, lo vio caminar por la calle en dirección a ella. Pero había demasiadas personas a su alrededor y estaba demasiado enferma como para abrirse camino. Aun así, estaba decidida a recibir su sanidad. Había escuchado hablar de este Jesús y la gracia que tenía para quienes la aceptaran, así que se dirigió a Él a tientas y tropezando.

¿Puedes verla ordenándole a su frágil cuerpo que se ponga de pie y avance hasta unos pocos centímetros antes de caer desplomada al suelo? Se abrió paso entre la multitud hasta quedar detrás de Jesús.

Mientras se acerca lo suficiente como para captar la atención de Jesús, otra vez su cuerpo cede y cae entre las pisadas de los que la empujan para pasar por encima de ella. Puede oír cuchicheos de la gente hablando de ella con desdén. Está cansada y enferma. Siente que las lágrimas brotan de sus ojos porque ya no puede continuar. La única fuerza que puede juntar solo le permite extender su delgado brazo y tocar el borde del manto de Jesús. Al hacerlo, se derrumba en el empedrado. Sus mejillas se bañan de lágrimas. Eso fue todo lo que pudo hacer.

Estoy segura de que Jesús se dio cuenta del contacto de esta mujer porque la fe de ella era tan fuerte como débil era su cuerpo. Había realizado un esfuerzo demasiado grande por llegar hasta Él. Esta mujer enferma no había tocado el borde de su manto porque quería hacerlo. Lo había tocado porque, en su desesperado intento de llegar a Él, fue lo máximo que pudo hacer. No tuvo oportunidad de explicarle lo que pasaba. Las únicas fuerzas que había reunido solo le alcanzaron para caer al suelo a los pies de Jesús. Pero fue allí que encontró su sanidad.

La mujer fue curada de sus aflicciones. Fue hecha nueva porque había decidido llegar hasta Jesús sin importar lo que le costara. Había sorteado con gran dificultad una enorme multitud de personas despiadadas que no se habían preocupado por ella ni por su dolor.

Esta pobre mujer había juntado cada gramo de la fuerza de su cuerpo agotado de sangre para encontrar al Maestro, y que este pudiera devolverle la salud. Su búsqueda de Jesús no había sido agradable ni cómoda. No había sido aplaudida por la multitud. Pero había valido la pena. Había tocado el borde de su manto.

¿Cuán desesperada estás por encontrarte con Jesús? ¿Estás dispuesta a luchar contra la muchedumbre? Quizás no haya una multitud de personas con las que tengas que enfrentarte, pero hay multitud de circunstancias que te impiden caer a sus pies. Nuestra mente y nuestra vida están repletas de preocupaciones económicas y familiares, vencimientos, e innumerable cantidad de cosas que nos mantienen ocupadas e inaccesibles para Él.

Hoy, amiga mía, Jesús está pasando. Aférrate a Él y a la promesa que ha hecho de restaurarte y guiarte. Él tiene muchas ganas de sanarte de "eso" que ha acabado con tus fuerzas y ha lastimando tu vida. Ya sea que, al igual que la mujer enferma, necesites traer tu cuerpo frágil con todas sus heridas y dolores, o que tu "asunto" sea mental y espiritual, Jesús está pasando y quiere sanarte. ¿Se lo permitirás?

ESPERANDO NUESTRO REGRESO

Nuestro Dios es tan poderoso que lo único que tenemos que hacer es llegar hasta el borde de su manto. Nos ama tanto que se pone a nuestra disposición de todas las maneras posibles. Quiere que seamos restauradas. Quiere que sepamos las espléndidas cosas que puede hacer por nosotras y a través de nosotras. De la misma manera que el padre esperó por su hijo perdido en Lucas 15, el Salvador nos espera.

El hijo rebelde de un hombre había abandonado a su familia, y se llevó consigo su parte de la herencia. Había decidido que lo mejor era vivir por su cuenta, lejos de los reconfortantes brazos de quienes lo amaban. Malgastó todas las cosas buenas que le habían dado. Todas las riquezas y el conocimiento que había obtenido de su padre, los usó mal y los derrochó. Por fin ahora este joven muchacho estaba viviendo lo que había considerado la buena vida, pero descubría que no le quedaba nada. No solamente estaba pasando privaciones, sino que ahora se encontraba viviendo entre los cerdos y comiendo lo que comían ellos.

El joven lo había perdido todo.

Durante un tiempo, es probable que el orgullo le haya impedido regresar a su hogar. Sin embargo, en algún momento recobró el sentido común y decidió volver a la casa de su padre. Estoy segura de que habrá vuelto con total humildad y esperando que su padre lo mirara con disgusto y lo rechazara.

Pero lo que descubrió el hijo pródigo, lo asombró a él y a todos a su alrededor. Su padre, que había ansiado su regreso, vio a su hijo desde lejos y corrió hacia él con los brazos extendidos. Estaba tan emocionado, que presentó a su muchacho con vestimenta y joyas nuevas, y hasta dio una fiesta para él.

Esta es una verdadera ilustración de la gracia de Dios. Este hijo no recibió lo que esperaba ni merecía. En lugar de eso, se le dio una segunda oportunidad, una nueva posición en el hogar de su padre. Suponía que su padre lo castigaría y lo convertiría en un sirviente. En cambio, el padre lo abrazó y lo hizo huésped de honor en una fiesta.

Dios te ama tanto que no solo quiere que vuelvas, sino que además *está esperando* que lo hagas. Tiene mucho para darte. Quiere recordarte tu posición como su hija, su princesa. Quiere que recuerdes tu herencia en él. Aunque tal vez hayas malgastado algunos de los grandes regalos que te dio, aún te ama y quiere festejar tu regreso. Como dice una vieja canción, la gracia de Dios es "más grande que todo nuestro pecado".

*S*UBLIME GRACIA, DULCE SON

La gracia de Dios requiere de toda nuestra atención. Es más espléndida que ninguna otra cosa que podamos imaginar, pero muchas veces la tomamos a la ligera. Sin ella, tú y yo no tendríamos esperanzas. Nadie ha logrado nada que la gracia de Dios no se lo permitiera. Sin la gracia de Dios, no podemos hacer nada. Sin ella, pereceríamos. La gracia es la raíz misma de la que obtenemos los nutrientes para nuestra vida. Es el río que sacia nuestra sed y el pan que nos provee de alimento espiritual.

Recuerdo que cuando era una jovencita, me sentaba en las conferencias, en las convenciones y en los conciertos y miraba a las mujeres de Dios sirviendo mediante una canción o la palabra. Simplemente me sentaba y las observaba. ¡Emanaba tanto poder de sus voces! Me asombraba que estas mujeres de talento pudieran presentarse ante públicos tan numerosos y mantuvieran su atención durante tanto tiempo.

CeCe Winans es una de mis cantantes favoritas de todos los tiempos. Me encantan su voz y su estilo. Su vestuario es siempre modesto, aunque es distinguida y está a la moda. Hasta me gusta la manera en que mueve su boca al cantar.

Recuerdo escucharla durante horas a comienzos de su carrera. Grababa todos los programas televisivos en los que se presentaba y los veía una y otra vez. ¡Pienso que en lo íntimo de mi corazón yo quería ser CeCe Winans! Estoy segura de que hay muchas chicas como yo que se sientan a mirar a ciertas personas en el escenario porque las admiran a ellas y todo lo que hacen. Los oradores y los cantantes siempre parecen tenerlo todo, y es imposible imaginar que tengan heridas o luchas.

En la actualidad me encuentro en escenarios bastante similares a los que miraba cuando era pequeña, excepto que ahora soy yo la que está arriba. Yo soy la que se pone de pie delante del grupo y comparto mi persona, mis dones, mi testimonio y mis talentos con los demás. El Señor me ha dado la hermosa oportunidad de servir a mujeres, y es un gran privilegio.

Cuanto más hablo y canto, más agradezco el poder de la gracia de Dios. Ahora sé lo que deben de haber pensado las mujeres a las que yo admiraba mientras las observaba. No te puedo decir la cantidad de veces que he estado delante de un auditorio y he deseado dar media vuelta y abandonar la plataforma porque no estaba debidamente preparada. Me llevaría demasiado tiempo relatarte todas las ocasiones en las que pequé miserablemente la semana anterior y hasta el día anterior a tener que dar una charla o cantar. Así y todo, allí estaba yo, a punto de alentar a mis oyentes a que fueran mujeres del reino de Dios y a que vivieran una vida acorde a su posición.

A menudo me he presentado delante de una audiencia con una sonrisa en el rostro y lágrimas amargas en mi corazón por algo que estaba sucediendo en mi vida. Sin embargo en medio de todo eso, el Señor me usaba. Eso, hermana mía, es la maravillosa gracia de Dios. Cuando estás en la posición más miserable de tu vida por tu propia culpa, y aun así Él te usa, eso es gracia.

En realidad, he descubierto que Dios trabaja mejor cuando nosotras somos débiles y Él muestra su fuerza. Somos más útiles cuando finalmente decidimos disminuir porque a "Él le toca crecer" (Juan 3:30). Estoy muy contenta de servir al Dios de gracia que utiliza a las personas quebrantadas. Ahora, cuando veo ciertos cristianos en cargos de mucha exposición, los miro bajo una luz diferente. Ahora sé que no es por un gran talento o por sus propias habilidades que son capaces de hacer lo que hacen. Es porque han reconocido que necesitan a Jesús. ¡Es porque han recibido tanta gracia que quieren compartirlo con todo el mundo!

Al ver al Señor y contemplar su santidad, Isaías gritó: "¡Ay de mí, que estoy perdido! Soy un hombre de labios impuros y vivo en medio de un pueblo de labios blasfemos, ¡y no obstante mis ojos han visto al Rey, al SEÑOR Todopoderoso!" (Isaías 6:5).

Cuando te encuentras con el Rey, el Señor del universo, te das cuenta de lo sucia y embrollada que estás en realidad. Su grandeza y su poder ponen en evidencia que tú eres floja, insignificante y débil. Es exactamente ahí donde quiere que estemos, pues en la debilidad su poder nos fortalece. Recién cuando nos damos cuenta de que no logramos hacer nada por nuestras fuerzas, podemos de verdad mirar a los cielos, tal como el profeta Isaías, y exclamar con todo su sentido: "Aquí estoy. ¡Envíame a mí!" (Isaías 6:8).

$\mathcal{P}$OR LA GRACIA ERES SALVA... Y MUCHO MÁS

Algunas personas piensan que la gracia no es más que el camino mediante el cual alcanzamos la salvación; el medio a través del cual logramos la vida eterna en el más allá. Sabemos que "por gracia ... [hemos] sido salvados" (Efesios 2:8). Pero a menudo, aquí terminan nuestros pensamientos sobre la gracia. Si así es, nos hemos perdido en el verdadero esplendor de la ilimitada gracia de nuestro Dios.

Por supuesto que la gracia es imprescindible para nuestra salvación. Dios se convirtió en la gracia personificada cuando decidió venir al mundo y ofrecernos su amor. Renunció a su morada celestial y vino al mundo no solamente para vivir entre nosotros, sino también para morir por nosotros. Si la gracia fuera nada más que eso, ya sería asombrosa, y se la agradeceríamos a Dios por siempre. Sin embargo, Dios es capaz de hacer muchísimo más de lo que pedimos o pensamos y hasta en su gracia, ha sobrepasado nuestra imaginación. En el preciso instante que pensamos que Él ha hecho todo lo posible por nosotros, hace un poco más.

Cuando tengo el estudio bíblico con las chicas de una universidad cercana, y ellas vienen a *mí* para pedirme consejos, estoy segura de que se puede ver en mi vida la gracia de Dios. Después de todo lo que he hecho mal, todavía me ama, y eso es un milagro en sí mismo. Tú y yo somos milagros. Dios continúa su trabajo a pesar de nosotras, y eso es un milagro. ¿Por qué querría hacerlo? Lo hace porque nos ama.

Aunque hayas sido promiscua durante la secundaria y en la universidad, Él aún te ama y te cuida. Aunque te hayas hecho un aborto, a pesar de que sabías que estaba mal, Él todavía te ve con amor y afecto. Aun cuando decidiste tomar drogas y alcohol mientras tus amigos cristianos no te veían, Dios sigue amándote. Aunque hayas sido tibia e infiel en tu relación con Él, Dios permanece fiel en su relación contigo. Esa es la gracia divina; el medio a través del cual somos salvas, y aún más: la plataforma que nos sostiene.

Dios no reparte su gracia en fajos preempaquetados para todos los que la necesiten; más bien la ha adaptado especialmente para ti. Él puede darte la gracia para vivir como una mujer soltera. Puede darte la gracia para que vivas como mujer casada. Puede darte la gracia para vivir tu propia vida y cuidar a tus padres ancianos. Puede darte la gracia para que, dentro de las restricciones del presupuesto de tu próximo mes, gastes en tus emprendimientos personales o laborales. Puede darte la gracia para que soportes el lado ridículo de tu meticuloso jefe. Puede darte la gracia para que dejes de lado las aspiraciones poco realistas de la carrera que te has impuesto a ti misma. Puede darte la gracia para salir de ese mundo de fantasía que te has inventado y te impide disfrutar a lo grande de la vida. Puede darte la gracia de ser liberada de las trampas puestas por el diablo. ¡Puede darte la gracia para que tengas vida y que la tengas en abundancia!

GRACIA PARA LLEGAR A CASA

Una jovencita iba manejando por una ruta, a toda velocidad. En realidad, estaba alcanzando los 160 km (100 millas) por hora en una zona de 80 km (50 millas) permitidos como máxima. Iba tan apurada por llegar a su casa para las vacaciones navideñas, que ni siquiera se había dado cuenta de lo rápido que conducía. No lo había notado hasta que pasó volando junto a un auto policial que estaba estacionado a un costado de la ruta. Al mirar por su espejo retrovisor, contuvo la respiración, deseando que el policía no se hubiera dado cuenta. Pese a su descontento, sí se había dado cuenta.

Vio que el patrullero subía a la carretera y comenzaba a seguirla. Vio las luces rojas encendidas. Deseó que el oficial de policía pasara de largo y fuera detrás de alguna otra persona, pero sabía que no era así. Estacionó a un costado de la carretera.

El policía se acercó a la ventanilla y le hizo una multa. Le explicó que tendría que pagar 200 dólares o pasar 3 días en la comisaría. ¡No lo podía creer! ¿Cómo iba a perderse la Navidad pasando 3 días en la comisaría? El problema es que no tenía los 200 dólares.

Pronto se encontró frente a un juez:

—Señorita —le dijo él—, usted ha sido detenida por conducir a una velocidad excesiva. Puede elegir entre pagar 200 dólares o pasar 3 días en prisión.

La muchacha miró al juez en medio de su llanto.

—Señor, lo lamento tanto, pero no tengo ese dinero. Y no quiero pasar 3 días detenida y perderme la Navidad con mi familia.

El juez la miró por un momento y le explicó que, aunque comprendía su deseo de estar en casa con su familia, en esa ciudad había leyes y tenía que hacerlas cumplir. Una vez más, sentenció que ella tendría que pagar los 200 dólares o pasar 3 noches en prisión.

La jovencita se sintió más desesperada todavía porque parecía que, en esas circunstancias, no tenía esperanza. Empezó a sollozar sin control.

Entonces, el juez hizo algo que le llamó la atención a todos. Se puso de pie y dejó caer su martillo. Se abrió la cremallera de su toga y la apoyó contra el respaldo de su asiento. Tomó un abrigo deportivo colgado en un perchero de la pared y se lo puso. Bajó las escaleras y se detuvo junto a la muchacha. Luego metió la mano en el bolsillo y sacó un gran fajo de dinero. Contó cierta cantidad, la puso en el mostrador y volvió a subir la escalera. Se sacó su abrigo deportivo, volvió a colgarlo en el perchero, recogió su toga y volvió a ajustársela. Se sentó, volvió a tomar su martillo con toda calma, golpeó el escritorio y volvió a dirigirse a la mujer.

—Señorita, usted ha sido hallada culpable de conducir a exceso de velocidad. Es culpable de quebrantar la ley en nuestra ciudad, y esa falta se sanciona mediante el pago de 200 dólares o pasando 3 noches en prisión. Usted declara no tener el dinero, pero parece que alguien ha pagado por usted. Como la multa ha sido pagada, puede retirarse.

La jovencita miró incrédula al juez.

—Ah, y... una cosa más —agregó el juez con una sonrisa— que pase una feliz Navidad con su familia.

Eso, hermana mía, es gracia.

Cuando nosotras íbamos cuesta abajo a toda velocidad por el camino del pecado y la destrucción, y nos hicimos pasibles de ser encarceladas o que pagáramos una multa que no podíamos afrontar, Dios nos miró y por su inmerecida gracia, pagó la multa por nosotros. No lo hizo en efectivo. Usó la sangre de su Hijo. Él nos ofreció a su Hijo unigénito como un medio a través del cual podríamos ser santificadas y entrar en un íntimo compañerismo con Él. La multa que Jesús pagó por nosotras con su sangre sustituye la acusación del diablo. La gracia nos liberó de la ley del pecado y de la muerte. ¿Tú aceptarás su gracia?

En el relato que te narré, hay algo más que es importantísimo. La jovencita llegó a tiempo para la fiesta de Navidad. Pasó unos días maravillosos con su familia y desde entonces, tuvo mucho cuidado de manejar sin riesgos y despacio. Durante la tercera semana de su visita familiar, recibió una carta que provenía de la ciudad en la que había sido multada. La carta le explicaba que no iba a quedar constancia de la multa que había recibido, porque la suma que había abonado no solo cubría el costo de la falta, sino que además le otorgaba una sentencia diferida. Esto significaba que además de pagar el costo de la multa, el dinero excedente había permitido sacar esa infracción de su historial de conductor.

Al principio se sintió un poco perpleja, pero luego cayó en la cuenta de lo que había ocurrido. El juez no solo había pagado el total de la multa de 200 dólares, sino que además había agregado la suma necesaria para que la multa fuera eliminada de su historial de conductor y que de esa manera, no hubiera ningún efecto posterior.

Eso es exactamente lo que hizo Cristo cuando nos concedió su gracia. La gracia es mucho más que el perdón de nuestros pecados. La gracia es el pago adicional hecho para que el pecado no quede registrado en nuestros antecedentes ante Dios. La gracia significa que el pecado ya no tiene un efecto nocivo en nuestro futuro. Jesús pagó toda la deuda. No solo pagó por nuestra vida en el más allá, ¡sino que su gracia también está cubriendo nuestra existencia aquí y ahora!

Hoy, en este momento, Él está brindando su gracia para ti y para mí. Nosotras somos sus princesas, hermosas joyas en su corona, y quiere que nos apoderemos de la gracia y permitamos que ella nos guíe a una vida de paz y descanso. Quiere que nos demos cuenta de que, alejadas de su gracia, no somos nada. Oswald Chambers escribe en *My Utmost for his Highest* (En pos de lo supremo):

¿Puede el pecador convertirse en un santo? ¿Puede esa vida pervertida ser enderezada? Solo hay una respuesta: 'Oh, Señor, tú sabes, yo no'. Jamás atropelles con el sentido común religioso ni digas: 'Oh, sí, con un poco más de lectura de la Biblia, devoción y oración, sé que se podría hacer'. Es mucho más fácil hacer alguna cosa que confiar en Dios; confundimos pánico con inspiración. Es por esto que hay tan

pocos colaboradores de Dios y tantos que trabajan para Él. ¿Estoy lo suficientemen-
te seguro de que Dios hará lo que yo no puedo hacer? Cuando Dios quiere mos-
trarte cómo es la naturaleza humana sin Él, tiene que hacerlo en ti. Si el Espíritu
de Dios te ha dado una visión de lo que eres alejado de la gracia de Dios (y Él sola-
mente lo hace cuando su Espíritu está obrando), sabes que el peor de los criminales
no es ni la mitad de malo de lo que tú eres en potencia. Dios ha abierto mi "tum-
ba" y "sé que en lo humano (esto quiere decir, en mi carne) no mora nada bueno".
El Espíritu de Dios revela continuamente que la naturaleza humana se ha apar-
tado de su gracia.

Cuanto más cerca estamos de Dios, más nos damos cuenta de que lo necesitamos en
nuestra vida. Cuando vemos a Dios con mayor claridad, su santidad se nos vuelve más evidente. Cuanto más evidente se nos vuelve su santidad, más nos damos cuenta de lo impíos
que somos. Es entonces cuando su gracia se nos vuelve más visible.

La gracia de Dios hace posible que mujeres imperfectas y propensas al pecado como tú y
yo seamos joyas en la corona del Señor. Podemos estar embarazadas. Podemos estar enfermas
y lastimadas. Tal vez todavía estemos luchando con los pecados que nos han hecho caer más
de una vez. Pero Dios no mira nuestro pecado. Él nos mira a nosotras, a ti y a mí, a través de
sus ojos de gracia. Nos ve de la manera que siempre quiso que fuéramos.

Por la gracia, Jesucristo nos ha invitado a su corte real. Ofrece vestirnos con las ropas
más exquisitas. Nos ha convocado a compartir su gloria. Nos ha llamado a ser mujeres de
excelencia. Nos ha escogido para que seamos princesas santificadas y glorificadas, hijas del
Rey. ¿Qué podemos hacer sino agradecerle? ¿Cómo podemos rechazar el regalo de la gracia?
No importa qué haya sucedido en tu vida, Él te ha dado el precioso don del presente y del futuro. El mañana está delante de ti como una puerta abierta de oportunidades: las de vivir en la
abundancia que nuestro Padre da a los que elige. Puedes elegir aceptar su regalo o dejarlo
que pase de largo. La decisión es tuya.

"Si obedeces al Señor tu Dios, todas estas bendiciones vendrán sobre ti y te acompañarán
siempre" (Deuteronomio 28:2).

Piensa en lo siguiente

✠

¿Cómo defines la gracia?

✠

¿De qué maneras Dios ha mostrado gracia contigo?

✠

¿Con cuánta desesperación estás buscando a Dios? Explícalo.

✠

¿Qué personas, lugares o cosas te obstruyen el camino?

✠

¿Qué "asuntos" tienes que Jesús tenga que sanar?

✠

*¿De verdad crees que Cristo puede restaurarte por completo
en el aspecto emocional, físico y espiritual? Explícalo.*

✠

*¿Qué pasos de obediencia darás que te lleven a la
vida abundante que Él te ofrece?*

Oración
de entrega

Señor, hoy necesito tu gracia más que nunca. Tengo muchos "asuntos" de los cuales no puedo encargarme por mí misma. Algunas de mis preocupaciones tienen que ver con _____
_____ *y* ___
_____ . *Sé que tengo que buscarte con todo mi corazón, toda mi mente, y toda mi alma, y estoy dispuesta a hacerlo. Sin importar cuál sea el costo, ni lo que digan los demás, te buscaré de mañana, al mediodía y por la noche. Te alabo porque eres un Dios de gracia. Me siento sumamente agradecida porque, después de todo lo que hice, todavía me amas. No puedo creer que aún me quieras, pero te alabo porque lo haces. Señor, necesito tu contacto. Necesito experimentarte de un modo completamente nuevo. Estoy deseosa de una relación contigo que no se parezca a ninguna otra anterior. A partir de hoy, te buscaré, y con tu poder no me detendré. Tú eres mi Dios, y te agradezco de antemano por liberar tu poder en mi vida.*

En el nombre de Jesús, amén.

Fecha de hoy:

_____

Para contactar a la autora:
The Shirer Group
P.O. Box 2122
Cedar Hill, Texas 75106-2122
972.274.9942 casilla para mensajes
972.274.5084 fax
www.priscillaspeaks.com
Info@priscillaspeaks.com